Escriba
su propia
Magia

Haga que sus esperanzas y sueños sean realidad

Todos tenemos esperanzas y sueños, y este libro le mostrará cómo usar el poder de las palabras para que alcance sus objetivos. No hay límite para lo que usted puede pedir, siempre y cuando sus peticiones no perjudiquen a nadie. Por ejemplo, podría desear:

- salud vibrante
- una relación satisfactoria
- mayor felicidad
- más dinero
- un mejor trabajo
- una fe más fuerte
- mayor creatividad e intuición

Todo esto, puede llegar a su vida cuando siga las instrucciones paso a paso de esta guía mágica. *Escriba su Propia Magia* le mostrará cómo crear hechizos de magia blanca originales que harán realidad sus esperanzas y sueños.

Acerca del autor

Richard Webster nació en Nueva Zelanda en 1946, lugar donde aún reside. Richard viaja frecuentemente alrededor del mundo, dando conferencias y conduciendo talleres sobre temas psíquicos. Ha escrito muchos libros sobre estos temas y además escribe columnas en revistas. Richard está casado y tiene tres hijos; su familia apoya su ocupación, pero su hijo mayor, después de observar la carrera de su padre, decidió convertirse en contador.

Escriba
su propia
Magia

El poder oculto en sus palabras

Richard Webster

Traducido al español por:
Héctor Ramírez y Edgar Rojas

2002
Llewellyn Español
St. Paul, Minnesota 55164-0383, U.S.A.

PRIMERA EDICIÓN
Primera impresión, 2002

Diseño de la portada: Kevin R. Brown
Diseño del interior: Alexander Negrete y Joanna Willis
Edición y coordinación general: Edgar Rojas
Foto de la portada: © Doug Deutscher
Traducción al Español por: Héctor Ramírez y Edgar Rojas

Library of Congress Cataloging-in-Publication Data.
Biblioteca del Congreso. Información sobre esta publicación.
Webster, Richard, 1946-
    [Write your own magic. Spanish]
    Escriba su propia magia: el poder oculto en sus palabras / Richard
Webster; traducido al español por Héctor Ramírez y Edgar Rojas.
—1.ed.
    p. cm.
Includes bibliographical references and index.
ISBN 0-7387-0197-1
    1. Magic. 2. Success—Miscellanea. I. Title.
BF1611 .W43418 2002
131—dc21
                                        2002016123

La editorial Llewellyn no participa, endosa o tiene alguna responsabilidad o autoridad concerniente a los negocios y transacciones entre los autores y el público. Las cartas enviadas al autor serán remitidas a su destinatario, pero la editorial no dará a conocer su dirección o número de teléfono, a menos que el autor lo especifique.

La información relacionada al Internet es vigente en el momento de ésta publicación. La casa editorial no garantiza que dicha información permanezca válida en el futuro. Por favor diríjase a la página de Internet de Llewellyn para establecer enlaces con páginas de autores y otras fuentes de información.

Nota: El contenido de esta publicación no está destinado a diagnosticar, tratar, prescribir o sustituir las recomendaciones de profesionales legalmente licenciados y autorizados para la práctica en el campo de la salud. Use las hierbas teniendo en cuenta las pautas dadas. La editorial no asume responsabilidad alguna por perjuicios ocurridos como resultado de usos herbales encontrados en este libro.

Llewellyn Español
Una división de Llewellyn Worldwide, Ltd.
P.O. Box 64383, Dept. 0-7387-0197-1
St. Paul, MN 55164-0383, U.S.A.
www.llewellynespanol.com
Impreso en los Estados Unidos de América

Otros libros por Richard Webster

Almas gemelas

Ángeles guardianes y guías espirituales

Feng Shui para el apartamento

Feng Shui para el éxito y la felicidad

Feng Shui para la casa

Regrese a sus vidas pasadas

Para Ron Martín:
Autor, cuentista, quiromántico dotado y buen amigo.

Contenido

Introducción

Las palabras fueron originalmente mágicas, y hasta hoy han conservado gran parte de su antiguo poder.

Sigmund Freud (1856–1939)

Estoy seguro que en su infancia le era familiar el dicho "palos y piedras pueden romper mis huesos, pero las malas palabras nunca me harán daño". Esta frase puede haber sido un útil desquite cuando las personas le decían malas palabras, pero el mensaje está equivocado. Las palabras pueden herirlo. El poder de la palabra hablada es inmenso.

El poder de las palabras es increíble. El hecho de que podamos comunicarnos con palabras es una de las principales razones por las que el hombre ha progresado mucho más que cualquier otro ser vivo en el planeta. La escritura que reprodujo el lenguaje empezó en

Mesopotamia y Egipto, y data de hace sólo cinco mil años. Sin embargo, la escritura en el más amplio sentido de la palabra tuvo sus inicios decenas de miles de años atrás.[1]

Cada vez que aparecía la escritura estaba acompañada por un enorme florecimiento del comercio, la industria, las artes y el gobierno, lo cual transformaba totalmente la forma de vida de todos. Por consiguiente, la escritura fue uno de los más importantes factores en la creación de las grandes civilizaciones.

La escritura era considerada tan importante, que las antiguas culturas casi siempre la atribuían a un dios. Los mesopotámicos tenían la diosa Nisaba, los babilonios a Nabu, los egipcios a Tot, etc. En Oriente, los chinos le acreditaban a Wu de Hsia el invento de la escritura.[2] En el Islam, se cree que Dios fue quien la creó, y los hindúes se la atribuyen a Brahma. En las leyendas nórdicas, Odín creó las runas. En la tradición druídica, Ogma inventó el alfabeto ogham.[3]

Los griegos quizás son los únicos en no atribuirle un origen divino a la escritura. Esto se debía a que los educados griegos podían leer y escribir, y no tenían necesidad de darle a estas actividades el elemento místico que era común en lugares donde pocas personas tenían dicha capacidad.

La escritura ha cambiado enormemente a través del tiempo. Sólo en los últimos trescientos años hemos estado escribiendo en la forma que lo hacemos actualmente. No tendríamos dificultad en leer algo escrito por Charles Dickens (siglo XIX), Joseph Addison (siglo XVIII), o John Milton (siglo XVII). Sin embargo, nos sería casi imposible leer la escritura de William Shakespeare (siglo XVI), porque no podríamos descifrar las letras individuales.[4]

El poder de la palabra escrita es increíble. Imagine lo mágicas que deben parecer las palabras en papel para un analfabeta. Aunque lucen como garabatos sin significado, todo el que las lee en voz alta dice exactamente lo mismo. ¡Eso es magia!

Hoy día muchas personas consideran la magia como una forma primitiva de ciencia, pero eso no puede ser rechazado fácilmente. En realidad, los límites entre la ciencia y la magia no están definidos. Cuando prendemos la luz, sabemos que la electricidad está involucrada, pero no necesitamos saber nada sobre ella para que eso suceda. Tenemos fe de que cuando presionamos el interruptor, la luz se prenderá. Pocas personas saben algo sobre los últimos avances en física y medicina, pero todos creemos que estas investigaciones nos ayudarán.

Somos conscientes de que muchas cosas en que creíamos firmemente hace sólo cincuenta años han sido desacreditadas. Dentro de otros cincuenta años algunas de las cosas que hoy damos por sentadas parecerán absurdas. La creencia es una parte poderosa de la magia, pero también juega un papel igualmente importante en la ciencia.

Según las definiciones en los diccionarios, la magia es el arte de alcanzar un resultado deseado con el uso de ciertas técnicas misteriosas, tales como conjuros o ceremonias. La magia también utiliza encantos, poder, influencia y hechizos como ayuda para lograr el objetivo deseado. Todas estas técnicas serán empleadas para ayudarlo a crear magia en su propia vida.

El concepto de escribir su propia magia es muy antiguo. Hace miles de años, los egipcios solían escribir cartas a los muertos, pidiéndoles que influenciaran eventos en el mundo de los vivos. Usualmente estas cartas eran escritas en un tazón, donde se colocaba pan o granos, pero también utilizaban papiro o tela. Los egipcios creían que los espíritus de los muertos estaban simplemente viajando y podían interceder con su ayuda cuando se les pidiera. Los miembros de la familia que discutían, por ejemplo, podían escribirle a su madre fallecida y pedirle que resolviera la situación. Un famoso ejemplo existente es la carta que un viudo escribió a su difunta esposa. Él había llorado su muerte durante tres años y aún no sentía disminución en su pena. Pensaba que ella lo había hechizado desde el más allá, y le escribió pidiéndole que lo liberara.[5] Los antiguos egipcios usaban el poder de la palabra escrita para crear cambios, o magia, en sus vidas.

Tradicionalmente, los magos enseñaban sus secretos oralmente, de maestro a estudiante. Lo que era puesto por escrito se mantenía bien oculto y fuera del alcance de los no iniciados. El invento de la máquina de imprenta cambió todo eso. En la Edad Media fueron producidos grimoires que contenían secretos mágicos de persas, hebreos, cristianos, y tradiciones mágicas. Probablemente el más famoso de estos grimoires se titula *King of Salomón*, que da completos detalles de los setenta y dos espíritus que fueron invocados por el rey Salomón.

La criptografía, o escritura secreta, no es una ciencia que haya sido practicada sólo por espías. De hecho, los antiguos magos la usaban regularmente para mantener sus misterios en secreto. Los celtas tenían sus oghams, que estaban destinados a dejar información valiosa lejos del alcance de "los vulgares y pobres de las naciones".[6] Los egipcios tenían sus jeroglíficos, que eran usados sólo para escritura sagrada,[7] y los griegos empleaban su scytalus cuando debían mantener información en secreto.[8]

La fe en el poder y la eficacia de las palabras escritas y habladas han sido registradas en la historia de la mayoría de culturas. El uso de las ruedas de oración en el Tíbet es posiblemente el ejemplo más llamativo de esto.[9] Una rueda de oración es un cilindro hueco metálico montado sobre una varilla, que usualmente es grabado hermosamente. Una oración o mantra se escribe en un rollo de papel, tela o pergamino, que es consagrado por un lama antes de ser insertado en la rueda de oración. La rueda es puesta en movimiento giratorio. Se cree que cada revolución es igual a decir el mantra en voz alta una vez. Sin embargo, ya que la rueda de oración no es considerada tan poderosa como la palabra hablada, debe ser girada más frecuentemente para recuperar este poder perdido. La persona que gira la rueda debe concentrarse en la tarea de asegurar que sean logrados los resultados favorables. Las banderas de oración sirven para el mismo propósito cuando son sopladas por el viento.

Los tibetanos aún escriben su propia magia en diversas formas. En 1981, el dieciseisavo Karmapa Lama colocó un mensaje en clave en una carta que ocultó dentro de un amuleto, que luego dio a su maestro, Tai Situpa Rinpoche, para que lo protegiera. El amuleto debía ser muy bien cuidado, ya que el mensaje en clave daba detalles acerca del lugar de nacimiento del Karmapa Lama en su siguiente reencarnación.[10]

En este libro vamos a usar palabras para permitirle a usted manifestar en su vida lo que desee. Todos tenemos sueños, esperanzas y deseos. Sin embargo, la mayoría no se hacen realidad. No obstante, con la información presentada aquí, podrá usar el poder mágico de las palabras para alcanzar sus objetivos y tener una vida llena de felicidad, éxito y realización.

La felicidad es el estado de estar contentos con nuestro destino. Es difícil definirla de otra forma, pues algo que hace feliz a una persona puede no tener el mismo efecto en otra. Sin embargo, hay dos cosas muy importantes para disfrutar una vida plena: una es que debemos ser verídicos con nosotros mismos. Nunca encontraremos la verdadera felicidad si pasamos la vida tratando de vivir conforme a las expectativas de otros, ignorando lo que nos dice nuestro corazón. El segundo requisito es esforzarnos por hacer realidad nuestros sueños.

Bob, un conocido mío, vivió treinta años como vendedor de seguros. Su trabajo le daba cierta satisfacción, pero nunca se sintió realizado o feliz. De niño estuvo interesado en ser titiritero y tuvo un pequeño teatro de marionetas. Esta pasión gradualmente se disipó en sus años de adolescencia, pero retornó cuando sus propios hijos estaban pequeños. Empezó a hacer títeres otra vez y desarrolló cortos shows para los niños y sus amigos. Un día, lo visité mientras realizaba el espectáculo. Me impresioné por la calidad de todo el show. Los títeres y el pequeño teatro eran hermosos, y Bob había escrito una encantadora historia para actuar con los muñecos. Los niños estaban hipnotizados con lo que veían, y sus padres también se cautivaron. Yo me asombré de la expresión en la cara de Bob. Parecía estar completamente transformado. Después le sugerí que hiciera su acto profesionalmente.

Bob meneó la cabeza. "Ese fue mi sueño cuando era niño", me dijo. "Pero no podría hacerlo ahora".

"¿Por qué no?" le pregunté.

Bob se encogió de hombros. "Estoy demasiado viejo. No sabría cómo empezar. No podría ganar suficiente dinero para sostener a mi familia trabajando con esto".

Lo escuchaba mientras me decía una lista de razones por las que nunca podría hacerlo. Cuando terminó de hablar le comenté cómo había cambiado toda su apariencia y personalidad mientras desarrollaba el acto.

"Ha encontrado su pasión", le dije. "Debe hacer algo al respecto".

Le hablé de algunas de las ideas que hay en este libro, y él escuchó con interés. Cuando me marché, Bob había estado de acuerdo en considerar la idea, pero ni por un momento pensé que renunciaría a su lucrativa carrera en el campo de los seguros para dedicarse al entretenimiento de niños. Para mi sorpresa, Bob empezó a promocionar su acto. La primera vez que me di cuenta de su nuevo trabajo fue cuando un centro comercial anunciaba que él estaría divirtiendo a los niños ahí durante una semana en las vacaciones de verano. Naturalmente, fui a ver su espectáculo.

Se había agrandado maravillosamente, y Bob había dejado florecer su personalidad. Su show atrajo cientos de personas, y la mayoría se quedaban hasta el final de la presentación, aunque hubieran ido al centro comercial por otros propósitos. Después, Bob me dijo que había renunciado a los seguros para trabajar con títeres tiempo completo. Su entusiasmo era contagioso.

"Tengo que agradecerle", dijo, "por hacerme ver que podía vivir mi sueño. Me gustaría haberlo hecho hace veinte años".

Todos deseamos aquello que podíamos haber hecho años atrás, pero creo que todo sucede en el tiempo apropiado. Tal vez Bob no habría tenido éxito como titiritero si hubiera tratado de serlo anteriormente en su vida. Durante los previos veinte años aprendió mucho acerca de la vida y los negocios, y pudo usar esas habilidades en su nueva empresa. Además, realizando finalmente su sueño a su edad, apreció su éxito mucho más que si lo hubiera logrado a los veinte años.

Bob usó muchas de las técnicas presentadas en este libro. Dejó de cumplir las expectativas de otras personas y empezó a escuchar lo que le decía su corazón. También siguió los cuatro pasos explicados en este texto, para crear un plan que hiciera realidad sus sueños.

A través de los años he explicado estas ideas a personas de todas las edades. He dado charlas sobre este tema tanto en colegios de secundaria como en hogares de retiro. Sé que estas técnicas funcionarán para usted, sin importar qué tan joven o viejo sea. Me entristece encontrar tanta gente que no está siguiendo su verdadero camino. Nunca es demasiado tarde para que encuentre su pasión y la desarrolle. Siga las ideas de este libro, escriba su propia magia, y haga realidad sus sueños.

En este trabajo describo métodos de escribir la propia magia que yo mismo he usado. Hay otras formas de hacerlo que aún no he experimentado. Por ejemplo, un método popular en Tailandia es hacer un tatuaje en el cuerpo, que consiste en un mensaje definido. Se han contado muchas historias acerca de interesantes mensajes que han sido tatuados en partes íntimas del cuerpo de las personas.[11] Por lo que he oído estos métodos funcionan, pero no he tenido una experiencia personal con ellos y no los he incluido en este libro.

Las palabras son magia

Capítulo 1

*En el principio era el Verbo, y el Verbo era con Dios, y
el Verbo era Dios. Este era en el principio con Dios.*

EL EVANGELIO SEGÚN SAN JUAN, 1:1–2

 LAS PALABRAS TIENEN UN gran poder. Los buenos oradores pueden hacernos reír a carcajadas en un momento, y segundos después hacernos llorar. ¿Cómo lo hacen? Naturalmente, las acciones y expresiones faciales de quien habla están involucradas, pero básicamente están usando palabras.

Piense en el poder de las simples palabras *te amo*. Aquí hay una riqueza de significado que va más allá de lo que dicen las palabras mismas. La palabra *hogar* significa más que *casa*, aunque pueden estar describiendo la misma cosa.

Algunas palabras tienen más poder que otras. Términos emocionales como *amor, odio, traición, venganza* y *glotonería*, tienen mucha más intensidad que palabras sin emoción como *nube, escalera* y *ladrillo*.

Las palabras pueden significar diferentes cosas para distintas personas. Por ejemplo, la palabra *carro* puede representar libertad, prestigio y estatus para un adolescente, mientras que para alguien más puede simplemente ser un medio de transporte.

Sin embargo, no sólo las palabras contienen poder. Incluso las letras que conforman las palabras poseen magia. Esto lo demuestra la numerología, el antiguo arte de estudiar números y sus significados. Usualmente se usa para analizar nombres y fechas de nacimiento de personas, y es un método bastante preciso para análisis de carácter. Pero no necesita ser limitada a estos propósitos, pues cualquier palabra puede ser interpretada numerológicamente.

Comencemos convirtiendo las letras de las palabras en números usando la siguiente tabla:

1	2	3	4	5	6	7	8	9
A	B	C	D	E	F	G	H	I
J	K	L	M	N	O	P	Q	R
S	T	U	V	W	X	Y	Z	

Colocamos las vocales encima de la palabra, y las consonantes debajo. (Las vocales y consonantes están separadas porque se hace más fácil interpretar la palabra después). Por consiguiente, la palabra *conejo*, por ejemplo, aparecería así:

```
  6  5 6
CONEJO
3   5 1
```

Luego sumamos los números y los reducimos a un solo dígito:

```
  6  5 6  = 17, y 1 + 7 = 8
CONEJO
3   5 1   = 9
```

En numerología las vocales son llamadas *impulsos del alma* o *deseo del corazón*. Representan la motivación interna de la palabra.

El otro aspecto importante es el número de *expresión*. Este es creado por las consonantes y las vocales, y representan el potencial natural de la palabra.

Si observa de nuevo la palabra *conejo*, encontrará que su número de impulso del alma es 8, y el número de expresión también es 8 (8 de las vocales + 9 de las consonantes. 8 + 9 = 17, y 1 + 7 = 8).

En numerología 11 y 22 son considerados números maestros, y no se reducen a 2 ó 4. El siguiente es un ejemplo:

```
9  17 2  6  = 25, y 2 + 5 = 7
RESPETAR
  5   5 1   = 11
```

Respetar tiene un impulso del alma de 7 y las consonantes suman 11 (que no queda reducido a 2). El número de expresión es 9 (ya que 7 + 11 = 18, y 1 + 8 = 9).

Significados de los números

Cada número tiene un significado.

1 — Independencia y logro.

2 — Tacto, diplomacia e intuición.

3 — Autoexpresión creativa. Experimentar las alegrías de la vida.

4 — Limitaciones y restricciones. Sistema y orden.

5 — Libertad, variedad.

6 — Servicio a los demás, responsabilidad.

7 — Introspección, análisis, espiritualidad.

8 — Libertad material, poder.

9 — Humanitarismo, preocupación por los demás.

11 — Iluminación e inspiración.

22 — Constructor maestro, potencial ilimitado.

Observemos unas palabras importantes.

```
1   6   = 7
AMOR
    4   9   = 13, y 1 + 3 = 4
```

Amor tiene una expresión de 11 (7 + 4 = 11), indicando que es inspirativo e iluminativo. También tiene un impulso del alma de 7, mostrando que posee un lado espiritual.

```
  5  6  = 11
SEXO
  4  9     = 13, y 1 + 3 = 4
```

Sexo tiene una expresión de 9, la cual muestra que idealmente debería involucrar interés por los demás. El impulso del alma es 11, y muestra cómo puede ser usado el increíble poder del sexo para iluminar e inspirar.

```
  6  96  = 21 = 3
ODIO
   4     = 4
```

Odio muestra que cada número tiene una interpretación positiva y una negativa. Su número de expresión es el 7, indicando que se dirige al interior. Por esta razón las personas que abrigan sentimientos de odio, invariablemente se hieren a sí mismas más que al individuo a quien dirigen esta energía. También tiene un impulso de 3, el cual revela que el don de autoexpresión, que usualmente es positivo, es usado negativamente cuando se involucra odio.

```
96   = 6
DIOS
4   1 = 5
```

Dios es inspirativo y amoroso.

```
9  5  6 = 2
DINERO
4  5  6  = 6
```

Dinero tiene un número de expresión de 8, que revela su naturaleza materialista. Su impulso del alma es el 2, mostrando que debe ser usado prudentemente.

```
1  91 = 11
MAGIA
4  7   = 11
```

Magia es una palabra muy poderosa, como lo demuestran los dos números maestros. La expresión de 22 revela potencial ilimitado, y el impulso de 11 provee inspiración.

Nombres sagrados

Los chinos siempre han conocido el poder sagrado que poseen los caracteres de un nombre. En el segundo milenio a. de C., los sacerdotes eran las únicas personas que podían expresarse en la escritura. Hacían caracteres sobre conchas y huesos que luego eran calentados. Las grietas que aparecían eran interpretadas como consejos sobre asuntos que les interesaban, como cuándo sembrar y la probabilidad de éxito en la batalla. Algunos de estos huesos y conchas aún existen.

Los antiguos sacerdotes hacían los caracteres con gran cuidado, pues creían que podían expresar la esencia misma del universo. Por consiguiente, estos caracteres manifiestan las ideas contenidas en ellos, además de ser una parte de lo que expresan. Esto significa que el carácter para *hermoso*, por ejemplo, es también en sí hermoso. El carácter para *sagrado* es sagrado, y para *prosperidad* es próspero. Algunas palabras no se traducen exactamente. Por ejemplo, *corazón* realmente significa corazón y mente en chino, ya que dicho órgano rige el pensamiento humano y la consiguiente acción.

Por esta razón es común en China, particularmente en las cinco montañas sagradas, encontrar un carácter grabado en una roca.[1] A veces puede ser escrito un poema completo, pero más comúnmente es una sola palabra. Las personas que esmeradamente han grabado un caracter chino en la roca, han escrito su propia magia en el proceso.

Nombres ocultos

Los antiguos egipcios creían que saber un nombre daba poder a una persona. Por consiguiente, los nombres ocultos fueron usados con frecuencia para esconder de los no iniciados el verdadero nombre de alguien. Incluso las letras del nombre son importantes ya que contienen energía vital que la persona puede usar.

Esta tradición es aún practicada en las aldeas egipcias modernas donde se considera mala educación dirigirse a una mujer casada por su verdadero nombre. En lugar de eso, ella es conocida como la madre de su hijo mayor. Esto se remonta a tiempos antiguos, pero hoy día sigue siendo relevante. En las aldeas hay "magos negros" que aceptan dinero por escribir un hechizo destinado a perjudicar a alguien. Sin embargo, este hechizo no será efectivo a menos que el verdadero nombre de la víctima, además del nombre de su madre, sea conocido por el mago.[2]

El nombre era considerado tan poderoso por los antiguos egipcios que los nombres de los enemigos eran deliberadamente eliminados de sus tumbas y otros monumentos. Incluso los nombres de criminales eran cambiados por otros desagradables como castigo adicional. El máximo castigo era eliminar el nombre de alguien y no reemplazarlo, condenándolo de este modo a una segunda muerte después del deceso físico.[3] Destruir la identidad de una persona de esta forma, efectivamente destruía su vida e incluso creaba graves peligros en la siguiente existencia.

Los seguidores de la diosa Isis a menudo usan un nombre mágico cuando desarrollan sus ritos. Si lo desean también pueden cambiarlo durante el proceso.[4]

Hay muchas leyendas sobre Isis, y una de ellas explica cómo usó la magia para conocer el nombre secreto de Re, el dios de la luz. De acuerdo a la leyenda, cuando Re envejeció, babeó sobre el suelo. Isis se apoderó de esa tierra y moldeó una serpiente, y la colocó junto a un camino que usualmente utilizaba Re. Cuando éste pasó por ahí, la serpiente lo mordió. Él sufrió un agudo dolor y no podía creer lo que había sucedido. Luego llamó a los hijos de los dioses y les pidió ayuda a aquellos cuyas palabras alcanzaran el cielo.

Varias personas trataron de ayudarlo, pero ninguna pudo hacer mucho hasta que llegó Isis, quien le preguntó a Re su nombre secreto para poder crear un hechizo que lo mantuviera vivo. Él le dio un nombre falso, pero el veneno permaneció en su cuerpo y su condición empeoró. Finalmente le dijo a Isis su nombre secreto en voz baja y ella creó la cura. Hasta hoy, sólo los seguidores de Isis saben el nombre secreto de Re.

Actualmente, los indios americanos navajos aún creen que el nombre de una persona debería mantenerse en secreto. Por lo tanto, no es usado ni incluso conocido por los demás. Si el verdadero nombre de alguien fuera conocido, la hechicería podría ser usada contra esa persona.[5]

Todo esto muestra el poder mágico que está impreso en su nombre. Cuando usted escriba su propia magia, siempre debe firmar con él al final de la petición, como lo hace cuando le escribe una carta a alguien. Cuando lo haga, efectivamente estará escribiendo una carta al universo, y por consiguiente, es de vital importancia que la firme. Esto adiciona energía y poder a cualquier cosa que pida.

Grafología

La grafología utiliza la magia de las palabras y la lleva aun más lejos. Cada vez que escribe algo, parte de su personalidad es revelada. Su letra muestra su humor, salud, vitalidad, entusiasmo y mucho más. Las personas que no quieren llamar la atención tienen letra pequeña, mientras que la letra grande es característica de los que sí desean ser el centro de atracción. Quienes escriben lenta y cuidadosamente piensan de la misma forma. Los pensadores espontáneos escriben rápidamente, ya que es natural para ellos.

Las puntas hacia arriba de la letra revelan el intelecto y grado de ambición de la persona; la zona media representa la vida diaria; y las puntas hacia abajo muestran los impulsos instintivos y la sexualidad.

La inclinación de su letra revela qué tan introvertido o extrovertido es. Si se inclina hacia atrás, usted es introvertido (asumiendo que escribe con la mano derecha). Entre más se incline su letra hacia adelante, más extrovertido será. Es interesante observar que lo mismo se aplica para los zurdos. Ellos tienden a inclinarse naturalmente a la izquierda mientras presionan el lapicero, en lugar de arrastrarlo como lo hacen las personas derechas. A pesar de esto, los zurdos tuercen sus muñecas y manos de tal forma que pueden escribir con inclinación a la derecha, lo cual significa que también indican su grado de introversión y extroversión en la letra.

El grado de presión ejercida revela la cantidad de energía disponible para el escritor. Una persona naturalmente agresiva usará una gran presión al escribir, mientras que alguien tímido hará lo contrario.

La escritura normal nos muestra su personalidad, pero su firma revela lo que desea que el mundo vea de usted. Hay una maravillosa escena en la película *Shakespeare in Love*, donde el joven Shakespeare practica diferentes versiones de su firma. La mayoría de personas hacen esto mientras crecen. El tamaño de la firma, comparado con el resto del texto, indica el grado de arrogancia de la persona. Esto puede variar en diferentes épocas de la vida.

La firma de Napoleón Bonaparte es un excelente ejemplo. Siendo joven su firma era pequeña, y la empezó a hacer enorme justo antes de convertirse en emperador. Cuando fue exiliado a Elba su firma era más pequeña e inclinada hacia abajo, indicando depresión.

Incluso si nunca ha estudiado grafología, instintivamente reconocerá todas estas cosas cuando observe un trozo de escritura. Absorbemos mucha más información que la que percibimos. Un amigo mío tiene desorden bipolar. Cuando me escribe cartas, una rápida mirada de su escritura me indica instantáneamente su estado de humor. Incluso sin saber grafología ni conocer una persona, podemos aprender mucho examinando las cartas escritas por gente completamente desconocida.

Ya que la letra revela gran parte de la personalidad, es importante que use su escritura normal cuando registre sus deseos. Esto pone su propia personalidad en juego, y adiciona aun más poder a la petición.

Escritura secreta

Cifras y códigos han sido usados durante miles de años para mantener información secreta. Los alquimistas particularmente se preocupaban de que sus secretos fueran descubiertos por personas que no los usarían responsablemente. Por supuesto, también eran considerados heréticos y debían tener mucho cuidado de que sus secretos estuvieran protegidos. Por consiguiente, usaban un sistema de complicados códigos, junto con cerraduras especiales y lugares ocultos para mantener secreto su conocimiento.

Abu Musa Jabir, el alquimista árabe del siglo VIII, también conocido como Geber, dio su nombre a la palabra *gibberish* (guirigay). Geber era un gran músico, artista y matemático que inventó un sistema de notación secreta que al final dio origen a nuestro sistema moderno de ecuaciones químicas.[6] Sin duda alguna él estuvo escribiendo su propia magia.

A lo largo de la historia, la mayoría de personas pensaron que los alquimistas sólo estaban interesados en convertir en oro un metal básico. Deben haberse cansado de decir constantemente *"aurum nostrum non est aurum vulgum"* ("nuestro oro no es el oro común"). "Nuestro oro" significaba el potencial que yace dentro de nosotros, y no el oro comercializado por los orfebres. En realidad, el principal objetivo de un alquimista era encontrar una unidad entre la mente y el cuerpo, y alcanzar la inmortalidad física y espiritual. Es muy probable que el concepto de convertir un metal en oro representaba lo que los alquimistas trataban de hacer con ellos mismos. A fin de cuentas, querían transformarse en seres espirituales altamente desarrollados.

Los alquimistas crearon una enorme biblioteca de material escrito y pictórico que mostraba cómo escribieron su propia magia. Los gráficos eran invariablemente imaginativos. Uno de sus símbolos preferidos fue el *quadratura circuli* ("encuadre del círculo").[7] Como veremos en el capítulo 10, este es un buen ejemplo de mandala, uno de los medios que estaremos usando al escribir nuestra propia magia.

Eliminar temor, duda
y preocupaciones

Escribir es una forma muy efectiva de eliminar problemas de nuestra vida. Si tiene algún temor, preocupación, fobia, o sentimiento de autoduda, siéntese tranquilamente y escríbase una carta a sí mismo. Diga lo que le preocupa; puede escribir sus deseos, ya que nadie verá lo que ha escrito, a menos que usted decida darlo a conocer. Se sorprenderá de lo que viene a su mente, surgirán cosas que nunca antes había pensado. Esto se debe a que elimina la barrera normal entre las mentes consciente y subconsciente cuando pone por escrito sus pensamientos y sentimientos libremente.

Escribir esta carta crea orden donde había caos. Tal vez usted ha tenido toda clase de dudas y temores vagos e inquietantes que nunca se ha detenido a analizar. Poner todo por escrito lo incita a pensar acerca del problema, y permite que su mente subconsciente brinde soluciones. En la carta podrá discutir el problema en detalle, observar los pros y contras de soluciones alternativas, y escribir todos los pensamientos que surjan.

No se preocupe por una solución mientras escribe. A menudo la respuesta vendrá mientras está escribiendo, pero generalmente aparecerá después cuando esté pensando por completo en otra cosa.

Incluso si no emerge una solución de inmediato, es muy útil el conocimiento que obtendrá de este ejercicio. Podrá observar el problema en forma diferente, y posiblemente cambiará sus sentimientos respecto a él. Una vez identificado el miedo, será capaz de hacer los cambios necesarios en su actitud y perspectiva para superar el problema.

Aunque no es magia en el sentido de la palabra, poner por escrito sus problemas y encontrar una solución, es definitivamente escribir su propia magia.

Por supuesto, de niño usted instintivamente sabía qué tan mágicas podían ser las palabras. Probablemente recuerde cuentos de hadas donde eran lanzados hechizos y al final triunfaba el bien. Tal vez deseaba hacer sus propios conjuros y alcanzar sus sueños. Ahora puede hacerlo. Al finalizar este libro estará usando el encanto de las palabras para escribir su propia magia, lanzar hechizos y lograr sus objetivos.

Los cuatro pasos mágicos

Capítulo 2

Una palabra vale mil piezas de oro.

PROVERBIO CHINO

 ESTOY ASUMIENDO QUE USTED quiere un mayor éxito en su vida del que está experimentando en este momento. Si ya estuviera disfrutando de todo lo que desea, no necesitaría leer este libro. También supongo que está preparado para hacer algo respecto a su actual condición, ya que incluso leer este texto requiere cierto grado de esfuerzo. Esto significa que su deseo de una vida mejor es tan fuerte que está listo para hacer los cambios necesarios a fin de alcanzar su objetivo.

Muchos de estos cambios son interiores. Por ejemplo, podría necesitar un cambio de actitud hacia usted mismo y los demás. Si está lleno de odio, envidia o cualquier otra emoción dañina, tendrá que liberar esta negatividad antes de poder alcanzar sus objetivos.

Tal vez tenga más pensamientos negativos que positivos y necesita cambiar su forma de pensar. Ya que atraemos hacia nosotros todo lo que pensamos, es muy importante mantener el control de nuestros pensamientos.

Quizás deba continuar su educación para obtener la capacidad necesaria en el campo donde desea triunfar. Puede hacer esto de muchas formas; incluso es posible hacer cursos universitarios por el Internet. Alternativamente, clases nocturnas o leer los últimos descubrimientos en su campo puede ser todo lo que necesita. La educación debe ser un proceso de toda la vida.

Hace poco leí acerca de un abogado muy exitoso que había dejado sus estudios sin graduarse. Durante varios años vivió el momento. Practicó el surfing, bebía grandes cantidades de alcohol y se aficionó a las drogas. Un día, antes de cumplir sus treinta años, se encontró a alguien que había estado en su clase en la facultad. Durante la conversación supo que su antiguo compañero ahora era un doctor. Esta persona le habló de otros compañeros que habían estudiado con él, y descubrió que todos llevaban bien sus vidas. Esto lo hizo reaccionar y tomar la responsabilidad de su existencia. Regresó a su vida anterior, volvió a casa y reanudó sus estudios universitarios. Fue difícil pero al final logró graduarse. Este éxito lo motivó a continuar su educación, para luego empezar a trabajar como abogado. Este hombre sabía lo que debía hacer, conocía su capacidad, e hizo el esfuerzo para salir adelante. Es interesante preguntarse qué habría sucedido con él si no se hubiera encontrado accidentalmente en la calle a su antiguo compañero.

Usted debe tener un fuerte deseo. La mayoría de personas están llenas de deseos en conflicto. Quieren esto o aquello, pero no desean lo otro. Son como niños decidiendo lo que quieren en Navidad. Es bueno tener diferentes objetivos, pero deben ser compatibles entre sí, y es necesario desearlos fervientemente.

Hay cuatro pasos engañosamente simples que lo guiarán a alcanzar sus objetivos:

1—Sueñe lo que desea.
2—Ponga por escrito el sueño.
3—Dígale al universo lo que quiere.
4—Conviértase en un imán que atrae sus deseos.

Frecuentemente, las personas me hablan de sueños que consideran demasiado ambiciosos para intentar hacerlos realidad. Ellas se están subestimando a sí mismas. Si usted tiene la capacidad de soñar algo, también tiene el potencial para hacer que suceda. De hecho, es bueno luchar por un sueño que es atemorizante por ser tan ambicioso. Esto le da un empuje adicional que al final demuele cualquier cosa que esté en el camino hacia el éxito.

Tenemos cierto número de sueños cada noche. Por lo general son sólo fantasías que nunca se hacen realidad. Para que esto suceda, debe seguir los cuatro pasos listados atrás. Cuando usted pone por escrito el sueño, está fijando un objetivo para sí mismo. Un sueño normalmente se disipa rápido y es olvidado. Una vez que lo escriba, habrá creado un registro que le recordará su existencia cada vez que lo lea.

En cierto sentido, escribir el sueño es decirle al universo que desea que esa experiencia en particular se haga realidad. Sin embargo, debe hacer mucho más que eso para lograrlo. Por lo tanto, este libro contiene rituales, ceremonias y hechizos que le ayudarán a enviar sus energías al universo.

Finalmente, debe estar preparado para recibir lo que quiere. Para hacerlo necesita magnetizarse de tal forma que atraiga sus deseos, mientras las cosas que no desea son repelidas.

Esto puede parecer demasiado simple para ser cierto, pero efectivamente funciona. He visto que este proceso ha transformado la vida de muchas personas, incluyendo la mía. Sé cuán exitoso es el proceso, pero no quiero que usted simplemente acepte lo que yo digo, sino que lo pruebe por sí mismo.

Bárbara fue una estudiante de mis clases de desarrollo psíquico hace muchos años. Era pequeña y tímida, y se reía nerviosamente cada vez que alguien le hablaba. Se sentaba en las filas traseras de la clase y tomaba copiosas notas, pero no hablaba a menos que alguien le hiciera una pregunta específica. Yo siempre servía té y café después de estas clases, y quien lo deseara podía quedarse y discutir lo que se había tratado esa noche. Bárbara permanecía atrás en la tercena semana. Podría decir que estaba ansiosa por decir algo pero no tenía la confianza de hacerlo frente a los demás. Después que todos salieron, me preguntó que si poner por escrito lo que ella deseaba realmente funcionaría.

"Hágalo", le aconsejé, "y averígüelo por sí misma".

Bárbara vaciló. "¿Usted lo ha hecho?"

Yo reí. "Bárbara", le contesté, "hace unos años estas clases eran para mí un sueño. Usted no estaría aquí esta noche si no hubiera escrito mi deseo".

"¿Así que funciona?".

"Hágamelo saber cuando lo haya comprobado por sí misma".

Después de eso, Bárbara se volvió un tanto más extrovertida. Se quedaba después de clase, escuchaba lo que los demás decían, y ocasionalmente hacía una pequeña contribución. Cuando finalizó el curso, no esperaba verla de nuevo.

Para mi sorpresa, se inscribió otra vez en la misma clase básica de desarrollo psíquico. La llamé para sugerirle que buscara otras alternativas, pues ya había asistido a esta clase en particular.

"No", dijo ella. "Está funcionando, y quiero hacer el curso de nuevo para asegurar que suceda".

Bárbara fue notablemente más extrovertida la segunda vez que desarrolló la clase. Estaba orgullosa por ya saber las respuestas a la mayoría de preguntas. Esta vez se sentó en la segunda fila, cerca al medio, y no en el fondo del salón.

Estaba muy emocionada cuando llegó para la sesión final del curso, y preguntó si podía decir algo a la clase. Me sorprendí al oír esto, y accedí gustosamente.

"Como ya saben, esta es la segunda vez que tomo este curso", empezó diciendo con una voz sorprendentemente fuerte. "En la tercera semana del primer curso fui a casa y escribí lo que deseaba. Lo envié al universo y me magneticé. Quiero que todos sepan que funcionó". Ella alzó su mano izquierda y orgullosamente mostró un hermoso anillo de compromiso.

"Espero que estén poniendo por escrito sus sueños, realmente funciona".

Bárbara era bastante escéptica cuando inicialmente le expliqué el concepto, pero ella lo intentó y probó por sí misma. No hay necesidad de creer en lo que estamos discutiendo aquí. Todo lo que debe hacer es probarlo, y podrá ver que sus sueños serán una realidad.

Aristóteles ideó la palabra *entelequia*, que describe la realización completa de algo que anteriormente estaba en un estado potencial o no desarrollado. La naturaleza está llena de esta clase de ejemplos. Una hermosa mariposa saliendo de su capullo es uno de ellos. Otro es una diminuta bellota convirtiéndose en un majestuoso árbol de roble. Todos somos potencialmente parte de este proceso. Creo que estamos en este mundo para lograr algo. Una vez que averiguamos de qué se trata, nuestro progreso puede ser una alegría a contemplar. Usando las ideas de este libro para saber lo que debería estar haciendo con su vida, y luego actuando al respecto, cumplirá su propósito en esta encarnación.

Empezaremos el proceso en el siguiente capítulo.

Sueños grandes y pequeños

Capítulo 3

Cada vez que esté harto de la vida, empiece a escribir: la tinta es la gran cura para todos los males del ser humano, como lo averigüé hace mucho tiempo.

C. S. LEWIS (1898–1963)

TODOS TENEMOS ESPERANZAS Y sueños, y el propósito de este libro es permitirle hacer que esto se haga realidad. No hay límite para lo que puede pedir. Por ejemplo, usted puede desear una o más de las siguientes cosas:

buena salud
una relación satisfactoria
más dinero
más amigos
mayor confianza
más felicidad
un mejor empleo
su propio negocio
vacaciones en el extranjero
una fe más firme
mayor intuición
una cita el sábado en la noche

Todo lo anterior, y mucho más, puede llegar a su vida cuando escriba su propia magia.

Manifestar los sueños

El concepto básico es simple. Todo lo que debe hacer es decidir lo que quiere, ponerlo por escrito, enviar el deseo al universo, y esperar que esto suceda. Sin embargo, en la práctica hay algunas condiciones.

La más importante condición es que sus sueños no perjudiquen a alguien. Naturalmente, la mayoría de ellos serán para su propio beneficio, pero debe asegurarse que nadie resultará afectado en el proceso. Por ejemplo, si su sueño es liberarse de una relación restrictiva, no debe desear el mal a la otra persona, sin importar qué le haya hecho a usted en el pasado. Desee que la relación termine, pero haga la petición de tal forma que nadie salga herido. Discutiremos cómo expresar las peticiones en el capítulo 5.

Desear el mal a alguien es magia negra. Puede usar estas técnicas para causar daño a los demás, pero la ley del karma entrará en juego, y al final sufrirá tanto o más que la persona que perjudicó. Todos cosechamos lo que sembramos. Si hace algo bueno, tarde o temprano esta energía positiva regresará a usted. Igualmente, cada acto de maldad deberá pagarlo en el futuro. La ley del karma es completamente imparcial.

La magia blanca es magia buena. Si utiliza estas técnicas para el bien, usted y todo lo que entre en contacto con su vida saldrá beneficiado. Las buenas intenciones producen buenos resultados, las malas crean más mal. Si usa las fuerzas universales de amor, bondad y compasión al decidir lo que quiere pedir, siempre recibirá grandes recompensas.

Recientemente, tuve que explicarle a una joven mujer que lo que ella hacía era usar magia negra para atraer a un hombre. Encontró difícil entenderlo, pues traía a su vida lo que deseaba. Sin embargo, ignoraba completamente las necesidades o deseos de esa persona, por eso se convertía en magia negra. Es importante observar todos los aspectos de una situación antes de usar la magia.

También es necesario pedir el permiso de otras personas antes de trabajar mágicamente en ellas, incluso si su magia está destinada a ayudarlas. Pueden no necesitar o no querer su ayuda. Por ejemplo, puede parecer extraño que alguien gravemente enfermo no desee que lo ayuden por medio de la magia.

Tengo un caso clásico de esto. Una mujer que conocía se enfermó seriamente después de la muerte de su marido. Los doctores no podían encontrar nada malo en ella, y quedaron perplejos al ver que gradualmente empeoró y al final murió. Había perdido la voluntad de vivir después del fallecimiento de su alma gemela, y esto efectivamente causó su propia muerte. Lo último que quería era tener a alguien tratando de curarla. Por lo tanto, asegúrese de hablar al respecto con otras personas antes de usar la magia en ellas.

Algunos creen que todas sus peticiones son egoístas. Una señora me dijo que todo lo que pedía era ropa bonita y compañeros atractivos. No hay nada de malo en pedir cosas que nos hagan sentir bien. Cuando esta mujer usaba ropa fina y caminaba de la mano con un hombre apuesto, se sentía vibrante y más viva que en cualquier otro momento. Esto también le probó lo efectivo que era escribir su propia magia.

En la práctica, he encontrado que la mayoría de personas empiezan pidiendo lo que puede ser considerado egoísta o superficial. Sin embargo, con el tiempo cambian la naturaleza de sus peticiones, y casi invariablemente los serios buscadores comienzan a desear mayor crecimiento espiritual.

Usted puede pedir cualquier cosa, siempre y cuando esto no perjudique a nadie.

Encontrar el propósito de la vida

Muchas personas son felices pidiendo ciertas cosas que desean en el momento. No obstante, una vez que escriben su propia magia y ven los asombrosos resultados que pueden obtenerse, la mayoría empiezan a interesarse en usar este sistema como ayuda para alcanzar el propósito de sus vidas.

Para muchos esto es algo muy difícil, y se debe a que pocos tienen una idea clara de lo que desean en la vida. Algunas personas son muy afortunadas y deciden a temprana edad lo que van a hacer el resto de su existencia en este mundo. Sin embargo, la mayoría carece de objetivos claros o un propósito definido.

Si usted ya sabe lo que quiere, puede pasar al capítulo 5, pero si es como la mayoría de personas, debe discernir seriamente lo que en realidad desea alcanzar en esta vida. ¿Qué vino a hacer a este mundo? ¿Cómo quiere ser recordado una vez que se haya ido? Generalmente las personas tienden a evitar este tipo de preguntas. En el fondo saben que están aquí para algún propósito, pero prefieren no pensar en ello.

El primer paso es sacar tiempo para sí mismo y así poder pensar acerca de la vida. Usualmente hago una larga caminata en el campo cada vez que desarrollo este ejercicio. Esto me aleja de la casa y cualquier interrupción, y me da el espacio para estar solo. Tal vez usted prefiera sentarse tranquilamente en casa, siempre y cuando no sea interrumpido durante el ejercicio.

Deje que la mente retroceda en su vida, empezando en la temprana infancia. Todos hemos tenido esperanzas y sueños siendo niños. Obviamente, algunos de estos sueños infantiles ahora no tienen relevancia, pero otros pueden dar una clave de lo que realmente queremos. ¿Qué disfrutaba realmente hacer en su infancia?

De niño yo deseaba ser escritor. A todo momento escribía, y en una época tuve un pequeño periódico que vendía a mis vecinos. Cuando terminé mis estudios entré a la industria del libro, pensando que esto me daría valiosos discernimientos en dicho campo. Nunca renuncié a la escritura, pero gradualmente se disipó la idea de convertirme en un escritor de tiempo completo, y me involucré en otras actividades. La posibilidad de ser escritor la adopté de nuevo cuando deliberadamente hice una larga caminata para decidir lo que realmente quería en la vida. Era un sueño de la infancia que siempre había estado en mi mente, pero tuve que hacer este ejercicio para que fuera una posibilidad.

A propósito, de niño también quería ser mago, hipnotista y músico, y he hecho todas estas cosas profesionalmente. Sin embargo, dichas ambiciones nunca fueron tan fuertes como mi deseo de escribir. Si su tiempo de tranquilidad produce varios objetivos, evalúelos cuidadosamente y escoja el más importante para trabajar inicialmente. Tal vez quiera manifestar todos estos objetivos diferentes, pero lo mejor es que se concentre en uno a la vez.

Puede encontrar que sus años de infancia no dan indicación de lo que debería estar haciendo. En este caso, siga moviéndose gradualmente a través de su vida. Piense en las personas que admiró, ocupaciones y actividades que encontraba interesantes, aficiones importantes, y cualquier cosa que llamara su atención. Considere lo que sus amigos y conocidos hacen, y vea si sus actividades pueden brindar discernimientos sobre lo que debería estar haciendo.

Es posible que a lo largo de toda su vida no tenga idea de lo que quiere hacer. Muchas personas desarrollan sus vidas de esta manera. Usted es diferente. Tal vez no tenga idea ahora, pero siguiendo las indicaciones en este capítulo pronto la tendrá.

El plan de cinco años

Siéntese con lápiz y papel y piense en cómo desearía que fuera su vida dentro de cinco años. Ponga por escrito todo lo que se le ocurra. Es probable que quiera estar en mejores condiciones financieras. Piense en la casa en que ahora vive. ¿Desea estar viviendo en el mismo lugar dentro de cinco años? Si no es así, escriba la clase de vivienda que le gustaría tener. ¿Qué otros cambios desearía? ¿Tal vez más amigos? ¿Una pareja sentimental o niños? ¿En ese tiempo le gustaría estar haciendo el mismo trabajo que tiene ahora? Si no es así, piense en el empleo que quiere conseguir. Mientras desarrolla este ejercicio, considere las cosas que disfruta hacer, y póngalas también por escrito.

Escriba todo lo que surja de su mente; nadie verá lo que ha escrito a menos que usted así lo prefiera.

Quizá el empleo que anhela requiere más capacitación o experiencia laboral. ¿Está preparado para hacer lo necesario a fin de asegurar la adecuada capacitación para desempeñarse en el trabajo que quiere? Siempre se debe pagar un precio. Si es demasiado alto, descarte esa idea en particular. Nunca alcanzará su objetivo si no está preparado para pagar el precio. Por esta razón, es muy importante que escoja un objetivo conveniente para usted.

Dos corredores que conocí en el colegio son un buen ejemplo de lo anterior. Inicialmente tenían casi la misma habilidad. Uno tomó el atletismo seriamente y entrenó regularmente. El otro simplemente confió en su capacidad natural. Un año después, el que entrenaba estaba compitiendo en campeonatos en todo el estado, mientras el otro sólo tomó parte en eventos a nivel colegial. El primero estaba preparado para pagar el precio, pero el otro no.

Finalmente, hay algo más que puede hacer si al avanzar cinco años en su vida no ha establecido un objetivo que valga la pena. Antes de ir a dormir lea en voz alta todo lo que ha escrito acerca de la vida que desea tener dentro de cinco años. Durante la noche su mente subconsciente trabajará en esta información, y le transmitirá ideas a usted. Ponga por escrito cualquier discernimiento tan pronto como surja. Si no hace esto inmediatamente, algunas ideas se perderán. Lea sus notas cada noche hasta que tenga claro el objetivo que buscará. Sea paciente, podría tomar tiempo si nunca antes ha fijado deliberadamente una meta. Tenga confianza en que el objetivo será claro en el momento apropiado.

✹ La persona de seis lados

Mientras piensa en el propósito de su vida, debe recordar que usted es un ser multidimensional. Puede considerar que tener un millón de dólares en el banco es todo lo que necesita para una felicidad a largo plazo, pero unos momentos de reflexión le mostrarán que es lo más improbable. Sería muy raro encontrar una persona que fuera totalmente feliz todo el tiempo simplemente por tener mucho dinero en el banco.

Usted necesita establecer objetivos financieros. Sin embargo, también requiere alcanzar metas a largo plazo en las otras áreas de su vida. ¿Qué desea lograr mental, física, social y espiritualmente? ¿Quiere desarrollar su conciencia intuitiva? Estos propósitos son tan importantes como los financieros.

Además, todos los aspectos de la vida están entrelazados. ¿De qué le serviría todo el dinero del mundo si está padeciendo una enfermedad mortal? ¿Cuál sería el beneficio de un poderoso intelecto si se siente incapaz de relacionarse y divertirse con otros seres humanos? ¿Qué uso le daría a una gran capacidad psíquica si no ha desarrollado su aspecto espiritual? ¿Podría utilizar su maravilloso cerebro al máximo si ignora por completo su intuición?

Idealmente, debería fijar metas para desarrollar las seis áreas de su vida, que interactúan para formar una totalidad armoniosa. Si emprende un programa de aprendizaje, tendrá más de qué hablar con los demás, y probablemente sus ingresos mejorarán. Al estar físicamente en forma, tendrá más energía y deseos de vivir. Esto crea entusiasmo, que a su vez ayuda a las otras áreas. Mientras se desarrolla espiritual e intuitivamente, será cada vez más consciente de su lugar en el esquema de las cosas, se aceptará más a sí mismo, se preocupará menos y dejará que la vida fluya como venga.

En el siguiente capítulo discutiremos diferentes ideas que lo ayudarán a decidir lo que debe pedir.

Cómo determinar lo que se debe pedir

Capítulo 4

Porque las palabras, al igual que la naturaleza, revelan y ocultan a medias el Alma dentro de ellas.

ALFRED LORD TENNYSON (1809–1892)

NO HAY LÍMITE PARA el tipo o número de peticiones que puede hacer. Escribiendo su propia magia podrá obtener lo que quiera, siempre que sus peticiones sean sinceras y no perjudiquen a nadie. Por supuesto, también debe desarrollar el ritual sinceramente, y ser paciente hasta que su deseo sea cumplido.

Todos tenemos esperanzas y sueños. Algunos de estos anhelos son sólo caprichos pasajeros, y no estamos preparados para hacer lo necesario y lograr lo deseado. Otros objetivos son mucho más importantes.

Encuentro útil sentarme y escribir una lista de todo lo que quiero. Algunos de estos deseos son meramente personales, incluso egoístas. Otros están destinados a ayudar a los demás, especialmente a las personas que amo y me importan. Hasta no hacer una lista no tengo una idea clara de lo que deseo. Una vez que la hago, la dejo a un lado varios días. Durante ese tiempo vienen a mi mente diversas ideas, y probablemente adiciono más cosas a la lista. Puedo incluso suprimir algo si decido que en realidad no lo quiero.

Al terminar, observo la lista de nuevo y decido cuáles son las peticiones más importantes. Trabajo en ellas inicialmente y gradualmente sigo con las de menor importancia.

Este procedimiento es simple en teoría, pero muchas personas tienen problemas para decidir lo que quieren. La mayoría desea más dinero y paz en el mundo, pero debemos ser mucho más específicos antes de enviar nuestra petición al universo.

Hay tres métodos que encuentro muy útiles para determinar y clarificar las peticiones: llevar un diario mágico, la escritura automática, y escribir una carta al Ángel guardián.

El diario mágico

Un diario mágico es en muchas formas un diario normal. Sin embargo, no es necesario escribir en él todos los días. Está destinado a ser un registro de sus pensamientos, reflexiones y sentimientos. También puede usarlo como un diario normal donde escribe lo que hizo cada día. No hay reglas rigurosas.

Encuentro más conveniente un libro de ejercicios que un diario disponible comercialmente. El problema con este último es que tiene un espacio fijo para cada día. Con un diario mágico es posible que no quiera escribir todos los días, y luego, cuando lo haga, podrían ser unas pocas líneas un día y cinco páginas el siguiente. Escoja un libro que considere atractivo. Lo usará regularmente y escribirá sus pensamientos más profundos en él. Se convertirá en su amigo, y es bueno que sea agradable estéticamente. Puede decorarlo de algún modo o diseñarle una cubierta. Se trata de su libro privado y puede hacer lo que quiera con él.

Escriba en su diario cada vez que sienta el impulso de hacerlo. Al comienzo puede verse extraño sentado y escribiendo sus pensamientos más profundos. Es importante que usted sea la única persona que lea el diario. Si cree que podría ser leído por alguien, probablemente censurará lo que escribe. Guarde el diario bajo llave si es necesario.

Escoja la hora apropiada para escribir en su diario. Yo escribo en el mío mientras la familia se alista para ir a dormir. Esto me da un tiempo de tranquilidad en el que reflexiono sobre el día. Sin embargo, he conocido muchas personas que llevan consigo el diario e insertan cortas ideas cuando surgen durante el día. De nuevo, cualquier método que czonsidere apropiado para usted es bueno.

Lo que va a registrar también es de su elección. Tal vez quiera poner por escrito sus sueños. Su diario puede consistir sólo en los resultados de su búsqueda espiritual. Podría contener un recuento de su vida diaria en detalle, incluyendo conversaciones recordadas. Debería incluir sus esperanzas y deseos, ya que pueden ser futuras peticiones.

Lo importante es tener la mayor honestidad posible. Si tuvo una disputa con alguien regístrela en su diario. No edite ni haga cambios para hacer que el incidente parezca mejor de lo que fue, regístrelo exactamente como sucedió.

Simplemente escriba en el diario lo que se le ocurra. Con el tiempo ese libro será su confidente, su mejor amigo. Podrá registrar en él cosas que nunca le ha contado a nadie.

¿Cuál es el propósito de todo esto? Después que haya utilizado su diario un tiempo, notará que ciertos temas e ideas surgirán una y otra vez. Pensando en ellos, tendrá un mayor discernimiento acerca de las peticiones que debe hacerle al universo.

Use el diario para registrar todas sus peticiones. Debe fechar claramente lo que escriba en él. Yo registro incluso la hora en que comienzo y termino de escribir. Recordando claramente sus peticiones de esta manera, sabrá cuánto tiempo tomará cada una para ser concedida. También debería registrar esta información. A veces las peticiones serán cumplidas de una forma que usted no esperaba. Registre esto también.

Con el tiempo su diario será cada vez más valioso para usted. Tendrá un registro de sus éxitos y decepciones, además de su crecimiento y desarrollo.

Escritura automática

La escritura automática es un método de comunicación que trabaja a través de usted. Aunque use lapicero y papel, el movimiento es dirigido por un poder diferente a su mente consciente. Hay libros completos que han sido escritos por medio de la escritura automática; un buen ejemplo es *Private Dowding*, trascrito por W. T. Poole. Thomas Dowding era un joven maestro inglés que murió ametrallado durante la I Guerra Mundial. Este libro se convirtió en un best-seller en 1918 y dio esperanzas a muchas personas que habían perdido sus hijos durante la guerra, ya que sugería el concepto de que la muerte no era el fin.

Cualquiera puede aprender a usar la escritura automática, pero se requiere de práctica. Empiece sentándose cómodamente con un lapicero en la mano y una hoja de papel. El brazo debe estar doblado en ángulo recto en el codo. Es bueno anotar que algunas personas tienen mejores resultados usando la mano que usualmente no emplean para escribir.

Relájese todo lo que pueda y simplemente espere a ver lo que sucede. Puede cerrar los ojos, pero esto no es esencial.

Luego la mano que tiene el lapicero empezará a moverse, es una escritura inconsciente y el flujo se interrumpirá cuando le dé su atención consciente.

La mayoría de personas comienzan dibujando formas que no se relacionan con nada. Algunos empiezan escribiendo palabras y oraciones. No se preocupe por lo que producirá inicialmente. Cualquier movimiento del lapicero es bueno, y entre más practique mejor se desempeñará. Rápidamente descubrirá que cualquier intervención de la mente consciente detendrá el flujo de la escritura. Muchas personas encuentran que la parte más difícil de la escritura automática es apartar la mente consciente, de tal forma que el subconsciente actúe libremente.

Recuerde que no siempre habrá información disponible. Por consiguiente, incluso después que esté recibiendo buenos resultados regularmente, encontrará ocasiones en que el lapicero no se moverá en lo absoluto.

La escritura automática es llamada así por una buena razón; es totalmente automática y a veces la velocidad puede ser asombrosa. Es posible escribir durante cuatro horas sin sentir cansancio.

Una vez que domine esta escritura quedará pasmado con lo que producirá. Puede escribir poemas o novelas, recibir respuestas a preguntas que lo inquietan, ganar conocimiento espiritual, o tener ideas para la futura dirección de su vida.

No estará limitado a las palabras. Dibujos, pintura y música también han sido producto de este proceso automático. Rosemary Brown, una viuda británica que está en contacto con los espíritus de muchos compositores, incluyendo a Bach, Beethoven, Brahms, Chopin, Mozart y Schubert, ha producido música en sus estilos a través de la escritura automática.

Estará en buena compañía si practica esta técnica. Alfred Lord Tennyson, William Butler Yeats y Gertrude Stein son sólo algunos de los autores que han experimentado con la escritura automática como ayuda en su creatividad.

Toma tiempo ser experto en este tipo de escritura, pero vale la pena perseverar, ya que los resultados pueden ser increíbles. Encontrará que es una herramienta útil en cada parte de su vida.

Escríbale a su Ángel guardián

El concepto de un Ángel guardián personal que nos cuida es encontrado dos mil años atrás. Alrededor del año 150, un hombre llamado Hermas escribió las experiencias con su Ángel guardián. Su libro, *Shepherd of Hermas* (Pastor de Hermas), se hizo muy popular porque motivaba a la gente a considerar los Ángeles como pastores de Dios.[1] Hay dos citas importantes de la Biblia que dan crédito a la idea de Ángeles guardianes: "Él te mandará sus Ángeles, para que te guarden en todos tus caminos",[2] y "mirad que no menospreciéis a uno de estos pequeños; porque os digo que sus Ángeles en los cielos ven siempre el rostro de mi Padre que está en los cielos".[3]

Carl Jung, quien toda su vida creyó en los Ángeles, escribió en su autobiografía que ellos son "seres sin alma que no representan más que los pensamientos e intuiciones de su Señor".[4] Por consiguiente, cuando escriba una carta a su Ángel guardián, efectivamente le está escribiendo a Dios.

Es interesante observar que escribirle una carta al Ángel guardián funciona, sin importar las creencias personales acerca de ellos. Si usted no acepta el concepto de un Ángel guardián personal, escriba una carta a alguien que venere. Podría escribir a Buda o a un santo. Incluso puede dirigirla a una persona famosa en la historia que particularmente admira.

Más importante que su elección de la persona, es el conocimiento de que le está escribiendo a alguien que cree lo puede ayudar. Esta persona es sagrada o especial para usted de alguna forma. Por lo tanto, la carta que escribe será diferente a la que dirigiría a un amigo o pariente. Su Ángel guardián (o a quien le escriba) siempre sabe todo acerca de usted, así que puede escribir abierta y honestamente.

Empiece escribiendo sobre sí mismo, su hogar y sus seres amados. Registre sus esperanzas y temores. Háblele a su Ángel guardián acerca de todo lo que en su vida no está saliendo tan bien como desearía. Escriba sus frustraciones y dificultades además de sus éxitos.

No es probable que escriba una carta como ésta en una sola sesión. Extienda la escritura durante varios días, ya que así le da a su mente subconsciente la oportunidad para pensar acerca de lo que le gustaría escribir. Algo que podría no ocurrírsele el lunes puede ser muy importante el viernes. Simplemente ponga por escrito todo lo que emerja.

Una vez que haya terminado la carta, colóquela en un sobre y diríjala a su Ángel guardián (o a quien le haya escrito). Déjela a un lado por al menos tres días, preferiblemente más tiempo. Después ábrala y léala con un lápiz resaltador en su mano. El propósito de dejar al menos unos cuantos días entre la escritura de la carta y su lectura, es asegurar que la pueda leer con ojos frescos. Resalte lo que parezca importante mientras lee. Podrá encontrar que al final habrá resaltado prácticamente toda la carta, o tal vez sea poco lo que seleccione. No hay problema. Las partes que ha resaltado son las áreas en las que necesita enfocarse. Haga peticiones que se relacionen con ellas y envíelas al universo.

En la práctica, una vez que empiece a escribir su propia magia, tendrá pocos problemas para saber qué pedir. Las ideas llegarán a usted a todo momento, y probablemente tendrá que escoger una solicitud específica, en lugar de buscarla.

Póngalo por escrito

Capítulo 5

El dedo móvil escribe; y habiendo escrito,
avanza: ni toda tu piedad e ingenio
harán que regrese a tachar una línea,
ni todas tus lágrimas borrarán una palabra de él.

RUBÁIYÁT DE OMAR KHAYYÁM (C.1050–C.1122)
(TRADUCIDO POR EDWARD FITZGERALD)

Siguiendo los ejercicios en el capítulo anterior tendrá un número de ideas acerca de lo que quiere. En el momento se trata simplemente de sueños. Lo que necesita hacer ahora es tomar una idea a la vez y convertirla en objetivo, unido a un plan de acción para alcanzarlo.

Es bueno tener una libreta o cuaderno para registrar todos los sueños e ideas. Escriba todo lo que se le ocurra, sin importar lo inusual o reforzado que pueda parecer. Algo que ahora se considera totalmente imposible, puede ser alcanzable dentro de seis meses. Sin embargo, si no lo pone por escrito, es probable que desaparezca y nunca se haga realidad.

Evalúe sus ideas y categorícelas en las seis áreas de su vida: financiera, mental, física, social, espiritual e intuitiva. Usualmente es mejor empezar con la idea más importante. No obstante, si este sueño en particular tomará años para realizarse, empiece con otro que puede alcanzar en pocos meses. Alcanzando este objetivo probará que el sistema funciona y tendrá más estímulo para seguir con propósitos a largo plazo.

Es importante que su objetivo sea lo más específico posible. Muchas personas fijan metas demasiado imprecisas. Por ejemplo, dicen que quieren ser ricas, felices, o casarse. Estos son objetivos respetables, pero no constituyen un propósito que valga la pena por sí mismo. Son un buen comienzo para establecer un objetivo, y el verdadero propósito puede ser encontrado haciendo preguntas.

Por ejemplo, si su objetivo es volverse rico, hay varias preguntas que puede hacerse a sí mismo. ¿Qué tan rico desea ser? Escriba la cantidad específica de dinero que quiere tener. ¿Qué hará para obtenerlo? ¿Es algo que disfrutará hacer? No es fácil conseguir dinero, y encontrará muy difícil producir una gran cantidad haciendo algo que odia. ¿Cuánto tiempo tomará hacer esta cantidad de dinero? ¿Cómo cambiará su vida una vez que tenga este dinero? ¿Conseguirlo lo hará feliz? ¿Qué hará después que lo tenga? Escribir las respuestas a éstas y otras preguntas que se le ocurran, le ayudará a aclarar sus pensamientos. También le revelarán el precio que tendrá que pagar para alcanzar su objetivo. Siempre hay un precio que debe ser pagado.

Es importante escribir las respuestas a todas estas preguntas. Una vez que las haya registrado en su libreta podrá volver a escribir los puntos principales como un objetivo. Por ejemplo, alguien que desee ser rico, podría finalizar con la siguiente meta: "deseo hacer un millón de dólares operando mi propio restaurante. Pienso crear mis propias recetas para hacer mis pizzas diferentes —y mejores— que cualquier otra en el mercado. Haré esto en los diez años siguientes. Cuando tenga un millón de dólares, compraré la casa de mis sueños y podré dedicar al menos una tercera parte de mi tiempo para ayudar a personas menos afortunadas que yo. Firmado, John Smith".

Este objetivo es claro y específico. John pretende ahorrar un millón de dólares en diez años. Sabe cómo va a conseguirlo; también sabe qué va a hacer con el dinero una vez que lo tenga. Sin embargo, esto es sólo parte de su propósito final. Para que el objetivo esté completo, necesita observar las otras cinco áreas de su vida y establecer propósitos similares para cada una de ellas.

El siguiente es otro ejemplo. Doreen ha estado divorciada varios años y está cansada de vivir sola; quiere encontrar un novio. Ella puede escribir: "voy a encontrar un nuevo compañero para mí. Tendrá al menos seis pies de altura, con una edad entre treinta y cinco y cuarenta años. Será un buen conversador y tendremos intereses en común. A fin de encontrarlo, aceptaré cada oportunidad que surja para conocer nuevas personas. También empezaré otra vez a tomar lecciones de baile".

Doreen ha sido específica respecto a la clase de hombre que quiere. También tiene un plan de acción (aceptar toda oportunidad de conocer personas), pues se da cuenta que nunca encontrará a alguien si permanece en su apartamento. Escribir toda esta información incita a Doreen a pensar cuidadosamente acerca de lo que realmente quiere. Ella no ha pedido simplemente un hombre, quiere uno en particular (un buen conversador que tenga al menos seis pies de altura y una edad entre treinta y cinco y cuarenta años).

Doreen pudo haber sido mucho más precisa. Podría haber especificado el color del cabello y los ojos, el nivel de educación e ingresos, la ocupación, etc. Sin embargo, al no mencionar estos factores, ha proveído la oportunidad para una mayor selección de hombres. Naturalmente, al igual que John Smith, Doreen también deberá realizar planes para las otras áreas de su vida.

El siguiente es un plan de vida más completo. Joshua ha elaborado un plan para él mismo: "tengo la intención de triunfar como compositor y crear música memorable que disfrute gente de todas las edades. Pretendo ganar $100.000 al año con mi música. Para lograrlo, compondré, grabaré y haré presentaciones hasta que con sólo componer obtenga dicha suma cada año. Encontraré un trabajo permanente en un restaurante dentro de los siguientes tres meses. Esto proveerá ingresos constantes y un lugar de reunión donde podré cantar mis propias composiciones. En los siguientes seis meses encontraré tres músicos talentosos para formar un grupo que tocará principalmente mi propio trabajo. Pienso tener un contrato de grabación para este grupo dentro de los siguientes dieciocho meses. Por último quiero tener la capacidad de sostener mi familia con mis composiciones, y luego estar libre para trabajar profesionalmente cuando lo desee, no por necesidad económica. Quiero que esto suceda dentro de cinco años. No tengo planes para retirarme, pues amo lo que hago. Deseo que mi música sea tocada hasta mucho tiempo después de mi muerte, y que mis hijos se beneficien de los derechos de autor para ayudarlos a establecerse en sus respectivos campos".

"Tengo la intención de regresar a la universidad y obtener mi grado en música. Estimo que esto tomará tres años, ya que voy a estar muy ocupado y tendré poco tiempo para estudiar. Sin embargo, es muy importante para mí obtener dicho título. Tendré una gran satisfacción por él, y será mayor mi credibilidad en el campo musical".

"Mi trabajo aumentará el círculo de conocidos y amigos. Encuentro fácil hacer amigos en cualquier parte, entre más personas conozca mejor, pues gran parte de mi trabajo gira alrededor de contactos. También me gusta oír diferentes puntos de vista, y un círculo de amigos más amplio me brindará tal posibilidad".

"Lo más importante en mi vida es estar con mi familia; es mi razón de ser, y ninguno de mis objetivos valdría la pena si afecta la relación con mis seres amados. Por consiguiente, aunque la carrera es importante, no permitiré que esté por encima de mi hogar. Esto me puede costar oportunidades, pero no estoy preparado para sacrificar a las personas que más quiero por ninguna otra cosa".

"Entraré a un gimnasio en los siguientes días. Soy consciente de que no estoy físicamente tan bien como antes. Es importante para mí tener la energía necesaria para alcanzar mis objetivos, y es esencial estar en forma".

"Mi fe se está desarrollando lentamente, y pretendo esforzarme más en esta área de mi vida. Durante los siguientes seis meses voy a explorar todos los canales de espiritualidad que encuentre, y ganaré conocimiento en este campo leyendo al menos veinte libros. Estoy seguro que mi creatividad aumentará rápidamente una vez que esté abierto al creador. Creo que soy razonablemente intuitivo, y mantendré una libreta para registrar todas mis premoniciones y cualquier otra cosa que venga de mi mente intuitiva".

Obviamente, Joshua quiere escribir música que perdure mucho tiempo después de su muerte. En efecto, ha creado una serie de pequeños objetivos que guíen a su propósito final de ganar un cómodo ingreso de seis cifras con sólo componer. Sin embargo, no ha olvidado las otras áreas de su vida, y se ha fijado metas para cada una de ellas. Joshua puede pensar que ha completado su plan de vida, pero nada en él, a excepción de su propósito final, se extiende más de cinco años en el futuro. En alguna etapa, tendrá que revisar y modificar su plan. Esto es bueno. Nuestra vida nunca es estática, y algo que ahora nos importa puede no interesarnos después. Los planes deben ser siempre flexibles, y no tenemos que dudar en cambiarlos si creemos que es lo apropiado.

Un buen ejemplo de esto es un compañero de estudio que se convirtió en un exitoso abogado. Cuando tenía como cuarenta años, para el asombro de todos, compró una granja y desde entonces ha sido muy feliz. Él admite que el cambio de carrera también lo sorprendió como a los demás. Uno de sus clientes mencionó que estaba vendiendo una hacienda y mi amigo mostró interés. Dos meses después, había abandonado su práctica legal y estaba aprendiendo a ser granjero.

El universo puede a veces poner en nuestro camino situaciones sorprendentes, y debemos ser lo suficientemente flexibles para aprovechar las buenas oportunidades. Si toma ventaja de algo como esto, necesitará fijar nuevos objetivos para sí mismo.

La siguiente etapa es enviar sus deseos al universo. Comenzaremos a discutir esto en el siguiente capítulo.

Haciendo magia

Capítulo 6

¿Realmente cree que las ciencias se habrían originado y desarrollado si el camino no hubiera sido preparado por los magos, alquimistas, astrólogos y hechiceros, cuyas promesas y pretensiones inicialmente debieron crear sed, hambre y gusto por los poderes ocultos y prohibidos?

FRIEDRICH WILHELM NIETZSCHE (1844–1900)

 LA MAGIA SIEMPRE HA existido, y siempre existirá. Sólo piense por un momento en su propia vida. ¿No hubo algo mágico la primera vez que se enamoró? ¿Ha observado una perfecta puesta del sol o las estrellas en una hermosa noche? ¿Ha escuchado una pieza musical que le llegue hasta el alma? ¿Ha visto los primeros y temblorosos pasos de un niño, o un pájaro alimentando su cría? Una vez tuvimos dos pequeños gatos y pasamos incontables horas viéndolos jugar juntos. Para mí eso era mágico. Magia es todo lo que nos rodea, y lo triste es que pocas personas realmente reconocen esto.

Toda creatividad es magia, y a pesar de lo que pueda pensar, usted es muy creativo. Cada vez que tenga un pensamiento está creando algo —y eso es mágico—.

La magia está basada en la comprensión de que todo en el mundo está interrelacionado. Al hacer magia suceden varias cosas. Primero, usted entra en un elevado estado de conciencia en el cual la magia puede ocurrir. Está totalmente enfocado en su deseo u objetivo. Adicionalmente, seguirá un orden de eventos cada vez que desarrolle un ritual o lance un hechizo. Todo esto permite que la magia se dé.

Desde tiempos antiguos las personas han usado las fuerzas de la naturaleza para influenciar el curso de los acontecimientos. Se cree que la magia puede haberse iniciado en la India y luego extendido alrededor del mundo, pero no hay pruebas de esto. Hay evidencia de actividad mágica primitiva que data del Paleolítico medio en muchas cavernas de Europa, particularmente en la región de Aurignac en Francia.[1]

Los antiguos egipcios y babilonios tenían sistemas mágicos bien desarrollados, y muchas de sus enseñanzas fueron incorporadas en la magia griega y romana. Los tres reyes o sabios que llegaron a visitar al niño Jesús eran magos, al igual que Moisés y Salomón.

Después de esta época de oro la iglesia primitiva sepultó la magia, pero nunca desapareció completamente. La magia medieval empezó a tomar forma en el siglo XII, y probablemente fue introducida a Europa por soldados que regresaban de las cruzadas. Alcanzó su mayor auge con el trabajo de Paracelso y Cornelio Agripa, quienes fueron los más notables magos de la Edad Media.

Muchas personas famosas e influyentes a lo largo de la historia han practicado las artes mágicas. Pitágoras, Leonardo da Vinci e Isaac Newton son buenos ejemplos. William Shakespeare hizo innumerables referencias a la magia en sus obras, y obviamente estaba familiarizado con el tema.

La magia puede ser dividida en dos categorías: exotérica y esotérica. La primera fue enseñada abiertamente y consiste en leyendas, dibujos y símbolos, tales como los encontrados en *The Arabian Nights* (Las mil y una noches), muchos cuentos de hadas, y algunas historias de la Biblia. La magia esotérica era secreta, y usualmente se transmitía oralmente de generación a generación. Esta magia provee el conocimiento necesario para entender completamente los hermosos gráficos de la magia exotérica. El secreto —como en "conoce, atrévete, desea y guarda silencio"— era de primordial importancia.

Gran parte de la Biblia fue escrita en forma esotérica. El famoso teósofo Geoffrey Hodson escribió en su trabajo de cuatro volúmenes *The Hidden Wisdom in the Holy Bible* (La sabiduría oculta en la Sagrada Biblia): "estas alegorías están hechas para conservar la prosperidad, para revelar y al mismo tiempo ocultar profundas verdades espirituales, y por consiguiente dadoras de poder".[2] En *Clementine Homilies*, (Homilías de Clementino), escrito en Roma aproximadamente en el año 95, leemos: "y Pedro dijo, 'recordamos que nuestro Señor y Maestro nos dijo' "guarden los misterios para mí y los hijos de mi casa"'. Por eso también he explicado a sus discípulos privadamente los misterios del reino de los cielos".[3]

Las enseñanzas ocultas eran reveladas sólo a los iniciados. Policarpo, obispo de Esmirna, obviamente no fue incluido en este selecto grupo cuando escribió a los Filipenses: "porque confío en que son bien versados en la Sagrada Escritura y que nada está oculto de ustedes, pero para mí este privilegio aún no es otorgado".[4] Grandes partes de la Sagrada Escritura fueron escritas en forma oculta, lo que puede ser descrito como magia esotérica. Los autores deliberadamente escribían su propia magia.

Cuando usamos la magia nos sintonizamos con las fuerzas de la naturaleza. Utilizamos la energía universal que está presente en todo. Esta energía creativa une todos los componentes del universo. Aunque pensemos que estamos completamente separados de las otras personas y todo lo demás en el mundo, en realidad hay una fuerte conexión.

A lo largo de la historia, la energía universal ha sido conocida con diferentes nombres, tales como espíritu, prana, ch'i o Dios. Esta energía está siendo creada a todo momento. Cada vez que tenemos un pensamiento la estamos originando. Los pensamientos vagos crean poca energía, pero los dirigidos tienen el poder de cambiar el mundo. Las oraciones, afirmaciones, objetivos y la magia crean grandes cantidades de energía universal. Esta energía no puede ser destruida pero sí guiada y transformada, exactamente lo que hacemos cuando escribimos nuestra propia magia.

Aleister Crowley, un famoso mago y autor de comienzos del siglo XX, definía la magia como "la ciencia y el arte de hacer que ocurran cambios en conformidad con la Voluntad".[5] Florence Farr, uno de los principales miembros del Golden Dawn (Amanecer de Oro), la definía así: "la magia consiste en remover las limitaciones de lo que pensamos son las leyes espirituales y terrenales que nos atan. Podemos hacer cualquier cosa porque somos Todo".[6] Una definición más simple sería que la magia es el arte de atraer lo que queremos.

Obviamente, debemos saber lo que deseamos antes de hacer magia. También es necesario tener intención. Necesitamos saber lo que queremos, pero lo mejor es que permitamos que el universo se manifieste en la forma que decida. Usted puede tener un fuerte deseo de ser promovido en el trabajo. Podría tener firme en su mente el puesto exacto que quiere. Sin embargo, si se fija demasiado en este resultado específico, puede perder la posibilidad de algo mejor. Tenga un fuerte propósito, pero no trate de forzar un resultado específico. En el ejemplo anterior, hacer una petición por un mejor puesto de trabajo puede crear un empleo de nivel más alto en otra compañía, o incluso un mayor ascenso que el que tenía en mente. Debe dejar que la magia actúe por sí sola, sin tratar de influenciar el resultado.

En Persia, los magos eran una clase de sacerdotes. La palabra *magia* entró a nuestro vocabulario de los griegos, quienes previamente la habían adoptado de los persas. Puede estar relacionada con el término *magikos*, que significa "poder de los magos", o tal vez *megas*, que significa "grande". Puede incluso provenir de *magein*, la filosofía y creencias de los sacerdotes de Zoroastro.

Cuando usted crea un ritual y envía al universo su deseo u objetivo, está haciendo magia. Está usando las leyes o fuerzas de la naturaleza para lograr su propósito particular. Idealmente, este objetivo lo enriquecerá, al igual que a las personas y el ambiente a su alrededor.

Haciendo esto, está dando pasos positivos para controlar su propia vida, y se acelerará inmensamente su crecimiento y desarrollo personal. En el proceso descubrirá que realmente puede obtener lo que desea.

El ritual

Un ritual es un procedimiento, o una forma de conducir una ceremonia, que nos permite alcanzar nuestros sueños. Su propósito es crear el ambiente deseado en el cual ocurra la magia, y por consiguiente traer beneficios a la vida de quien conduce el ritual. Este procedimiento nunca debe ser desarrollado frívolamente.

El ritual es una práctica común en la religión organizada. Tanto la magia como la religión reconocen las fuerzas cósmicas que forman nuestros destinos. Cuando rezamos, lo hacemos creyendo que las fuerzas del universo responderán nuestras oraciones. Al desarrollar un ritual mágico, también esperamos que nos suministre lo que pedimos.

El ritual en sí tiene un enorme poder, pues estimula y energiza las fuerzas cósmicas que permiten que ocurra la magia. El ritual también energiza a la persona que lo conduce removiendo toda duda y negatividad, y dando un gran poder y magnetismo personal. Por esta razón las personas parecen transformadas totalmente después de participar en un ritual.

Algunos creen que el ritual sólo es desarrollado en una iglesia. Sin embargo, a todo momento estamos haciendo pequeños rituales. Cada mañana, cuando mi hijo se sienta en el comedor, pone en un semicírculo alrededor de su plato todo lo que probablemente necesitará antes de empezar a comer. Cada cosa tiene una posición especial donde es colocada todos los días en la mañana. Podríamos decir que él hace un ritual para comer. Es probable que usted también realice un ritual cada mañana, si tiene un curso establecido para iniciar el día.

En el siguiente capítulo desarrollaremos un ritual para que envíe sus deseos al universo.

Hacia el universo

Capítulo 7

Mis palabras vuelan alto, mis pensamientos permanecen abajo.
Palabras sin pensamientos nunca van al cielo.

WILLIAM SHAKESPEARE (1564–1616)

 YA HA ESCRITO EXACTAMENTE lo que quiere. Ahora es tiempo de desarrollar un ritual para enviarlo al universo, confiado en que sus deseos serán hechos realidad. Hay muchas formas de hacer esto.

Comenzaré con el método que originalmente me enseñaron, y luego seguiré con otras alternativas, las cuales he usado en diferentes ocasiones. Tal vez se pregunte por qué no utilizo un solo método. No es fácil responder esto. Algunas peticiones que hago parecen requerir un acercamiento más formal con el universo que otras. A veces disfruto el ritual involucrado, y en ocasiones el momento exacto de la petición coincide con un tiempo particular del año (Solsticio, Halloween, etc.) y podría incluir mi petición como parte de mis actividades. Finalmente, a veces prefiero simplemente una petición "fácil y rápida", pero también suelo hacer unas más lentamente. Lo que hago en un tiempo particular depende de la época del año, de cómo me estoy sintiendo, cuánto tiempo tengo disponible, y lo que parece apropiado para el deseo que tengo.

Hay diversos factores que deben estar establecidos antes de que envíe su deseo al universo: su ambiente, postura y vestimenta.

Los mejores lugares para trabajar

El mejor lugar es aquel donde no será interrumpido. Debe ser tranquilo, cómodo, lejos de cualquier distracción. Si vive solo, podría usar su sala. Si otras personas viven con usted, es mejor que utilice su alcoba o una habitación en la que no sea interrumpido. Si el clima está apropiado tal vez prefiera hacer el procedimiento afuera, en un lugar donde no sea perturbado por otras personas o ruidos extraños. En la práctica, usualmente trabajo al aire libre en verano, pero uso mi oficina en invierno.

Adecue el lugar para lo que va a hacer. Si piensa ubicarse en una habitación, póngala en orden y quite de la vista cualquier cosa que pueda distraerlo después. Haga la habitación lo más sagrada posible. Por ejemplo, puede tener una foto expuesta a la vista, o colocar cuatro velas blancas en las posiciones Norte, Sur, Este y Oeste de su espacio de trabajo. También podría rociar una pequeña cantidad de agua salada en estas direcciones.

Si va a trabajar al aire libre, vea si puede sentarse cerca a un árbol protector. Los druídas los llamaban *árboles oráculo.*[1] Puede encontrar el suyo abrazando árboles hasta que halle uno que le responda. No abrace todos los que vea, escoja aquellos que le atraigan estéticamente. Yo encuentro que los árboles más viejos parecen responder mejor que los jóvenes.

Cuando haya encontrado su árbol, limpie el área alrededor de él. Esta es una preparación necesaria antes de enviar su deseo al universo, y ayuda a crear un vínculo fuerte entre usted y su árbol oráculo.

Algunas personas tienen una alfombra especial para trabajar sobre ella. Esto es bueno, ya que denota un área especial de trabajo. Sin embargo, no se sienta limitado a un sector en particular. Por ejemplo, si piensa hacer una caminata de meditación (explicada después), necesitará mucho espacio para completar el ritual.

Quizás quiera tener un altar para el desarrollo del ritual. Podría ser una mesa usada sólo para tales propósitos, o puede adaptar una mesa de comedor o un estante cuando sea necesario, y utilizarlo para desarrollar el ritual o lanzar un hechizo.

Postura

Naturalmente, necesita estar cómodo. La persona que me enseñó insistía en usar la posición de loto, pero la encuentro muy incómoda después de unos cuantos minutos. No hay reglas establecidas acerca de la posición del cuerpo, pero usualmente es mejor no acostarse. Esto se debe a que usted podría quedarse dormido antes de enviar su deseo al universo. Cuando estoy al aire libre, generalmente me arrodillo con mis nalgas descansando sobre la parte trasera de mis piernas. En sitios enclaustrados, me arrodillo o siento en una silla de respaldo recto con los dorsos de las manos sobre mis muslos. Siempre empiezo este ejercicio con una meditación y encuentro que puedo hacerlo fácil y cómodamente en estas posiciones.

Escoja una postura que sea confortable para usted. Ya que necesita estar relajado y libre de tensiones, es importante que esté lo más cómodo posible. Use almohadas y cualquier cosa que asegure su confort.

Vestimenta

Utilice ropa suelta y cómoda. La ropa apretada hace difícil la relajación. He hecho varios rituales usando un traje formal, pero siempre aflojo mi corbata y me quito los zapatos antes de comenzar. Muchas personas tienen una toga especial que usan para ejercicios de esta clase. Si va a hacer lo mismo, consiga una que sea hecha de fibras naturales.

Algunos prefieren enviar sus deseos estando desnudos. Obviamente, la privacidad y el calor son esenciales para esto. Quitarse la ropa significa remover simbólicamente la persona normal y liberar el verdadero yo. Hay desacuerdo acerca del uso de joyas. Algunas personas tienen alhajas especiales que utilizan sólo cuando van a tomar parte en experimentos mágicos. Hay quienes prefieren quitárselas todas antes de iniciar. Si va a realizar el procedimiento desnudo, es mejor que se quite las joyas además de la ropa.

Aunque puede no siempre ser posible, es beneficioso tomar un baño o ducha antes de empezar. Esto es importante si está pidiendo algo que se relaciona con objetivos personales a largo plazo.

Ahora está listo para empezar. Enviar los deseos al universo involucra tres pasos:

1 — Relajación y meditación (aproximadamente diez minutos).
2 — Recitación mantra (aproximadamente cinco minutos).
3 — Enviar el deseo (de uno a cinco minutos).

Relajación y meditación

En la primera etapa debe relajarse lo mas posible. Asegúrese de que no será interrumpido por al menos media hora, preferiblemente más tiempo. Si va a hacerlo dentro de la casa debería desconectar el teléfono.

Tal vez quiera escuchar música suave de meditación para mejorar la relajación. No hay nada malo con esto, siempre y cuando la música no tenga tonos reconocibles. No querrá encontrarse tarareando la música en lugar de enviar sus deseos al universo. Si escoge música de la Nueva Era, asegúrese de que no tenga el sonido del agua. Esta clase de música usualmente contiene los sonidos de la naturaleza, incluyendo arroyos fluyendo, olas de océanos y cascadas. El sonido de agua corriendo puede originar el deseo de ir al baño. Evite cualquier distracción de esta clase.

Asegúrese de que la locación sea lo suficientemente cálida. Puede cubrirse con una cobija si siente frío. Siéntase lo mejor confortable posible.

Hay muchos conceptos erróneos acerca de la meditación, que es simplemente una forma de relajar el cuerpo y la mente para crear un estado de serenidad. Esto puede parecer fácil de hacer, pero usualmente requiere mucha práctica poder relajar la mente y el cuerpo a fin de meditar un tiempo determinado. Todos nos distraemos con pensamientos que de un momento a otro llegan a nuestra mente. Las influencias externas tales como insectos volando, o un repentino sonido en otra habitación, también pueden interrumpir la meditación. En un estado meditativo merman el ritmo del metabolismo, la respiración y los latidos del corazón. Las ondas encefálicas se mueven de un estado beta, que es su estado normal de conciencia, al más calmado estado alfa, revelando de este modo un estado alterado de conciencia.

Por supuesto, aunque es placentero y beneficioso relajar la mente y el cuerpo de esta manera, esta no es una verdadera meditación, es mucho más que eso. El propósito final es lograr el enfoque total. Cuando esta etapa es alcanzada puede ocurrir la iluminación. Por consiguiente, es erróneo pensar que la meditación es simplemente otro método de autodesarrollo. La verdadera meditación nos pone en contacto directo con las fuerzas universales y nos permite crecer en conocimiento y sabiduría. Provee serenidad mental y oportunidades para crecimiento espiritual. También crea una perfecta atmósfera para pedir lo que queramos del universo.

Hay innumerables formas de meditar. El siguiente es el método que usualmente utilizo. Siéntese derecho en una silla cómoda poniendo los pies sobre el piso y la columna vertebral recta. Yo uso para esto una silla de comedor. Usted puede inicialmente sentirse más cómodo en un sillón, pero en esta posición su columna estará curva y no podrá meditar mucho tiempo sin incomodarse. Una silla con respaldo plano le permite permanecer en un estado meditativo todo el tiempo que desee sin sentirse incómodo.

Yo suelo colocar mis manos en mi regazo, con las palmas hacia arriba, la mano derecha descansando sobre la palma izquierda, y las yemas de los dos pulgares tocándose. Muchas personas prefieren meditar con sus manos sobre los muslos.

Si lo desea también puede meditar acostado de espaldas. Personalmente prefiero hacerlo sobre el piso en lugar de la cama, pues en ésta tiendo a quedarme dormido mientras medito.

Siéntase cómodo y cierre los ojos. Tome tres respiraciones profundas. Cuente silenciosa y lentamente de uno a cuatro mientras inhala, cuente hasta cuatro de nuevo sosteniendo la respiración, y luego exhale lentamente a la cuenta de ocho.

Cuando haya tomado tres respiraciones, olvide el conteo pero continúe respirando lenta y profundamente. Imagine una ola de relajación que lentamente cubre todo su cuerpo, desde la coronilla hasta las yemas de los dedos de sus pies. Sienta que la relajación entra en cada parte de su cuerpo mientras lentamente fluye hacia abajo.

No hay necesidad de acelerar este proceso. Simplemente deje que cada parte del cuerpo se relaje. Cuando haya hecho esto, examine mentalmente su cuerpo para hallar áreas que aún están tensionadas, y permita que se relajen. La mayoría de personas encuentran que la tensión en el cuello y los hombros es la más difícil de liberar.

Una vez que sienta que su cuerpo está completamente relajado, enfoque su atención en las ventanas de la nariz. Sienta la respiración entrando y saliendo. Concéntrese en ella. Naturalmente, a veces surgirán en su mente pensamientos extraños. Esto es perfectamente normal, y no se debe preocupar si ocurre. Todo lo que necesita hacer es dejarlos fluir cuando sea consciente de ellos, para luego enfocarse de nuevo en su respiración. Al final no habrá pensamientos; una vez que haya llegado a este punto, estará listo para recitar su mantra.

Como se mencionó anteriormente, toma tiempo y práctica ser un experto en meditación. Es esencial que domine esta fase del proceso de escribir su propia magia. La habilidad de meditar es de suprema importancia; le permite alcanzar su ser superior, el dios dentro de usted. Lo que desea puede luego ser implantado en la parte más profunda de su mente, y finalmente se manifestará en su vida. Tome el tiempo necesario para dominar esta técnica. No se preocupe si su mente sigue divagando mientras está meditando. Todo el mundo experimenta esto. Puede ser muy difícil aquietar nuestra mente y olvidar temporalmente las preocupaciones y presiones de la vida diaria. Sin embargo, la práctica constante asegurará el éxito final. Encuentro que lo mejor es meditar a la misma hora cada día cuando sea posible.

Si se le dificulta mucho relajarse, tal vez necesite grabar un cassette de relajación progresiva para usted mismo. En el apéndice A puede encontrar un guión recomendado. Sin embargo, no dependa sólo de su cinta grabada. Al final, querrá poder hacer este ejercicio en cualquier parte y momento. Sus opciones son mucho más limitadas si necesita de una grabadora y un cassette. Cuando domine la relajación con este mecanismo, vea si puede relajarse fácilmente sin él. En la práctica, ocasionalmente uso un cassette grabado para variar.

Otros métodos de meditación

Hay muchas formas con las que puede alcanzar el adecuado estado meditativo para enviar sus deseos al universo.

Meditación con colores

Siéntese en una posición cómoda con sus ojos cerrados. Tome tres respiraciones profundas y dígase a sí mismo "relájese, relájese profundamente", cada vez que exhale. Permanezca consciente de su respiración y sienta la relajación en su cuerpo.

Luego, imagínese rodeado por una nube de energía del más hermoso color rojo que haya visto. Sumérjase completamente en el color rojo, y deje que penetre cada célula del cuerpo.

Gradualmente permita que el color rojo se disipe lentamente y sea reemplazado por el naranja, el más vibrante color naranja que haya visto. Deje que penetre en cada parte de su cuerpo, de tal forma que quede completamente envuelto por él, adentro y afuera. Una vez que alcance este estado, deje que el naranja se disipe y reemplácelo con amarillo. Ahora permita que este color sature cada fibra de su ser, y luego reemplácelo con verde, seguido por azul, índigo, y finalmente con el violeta.

Cuando haya experimentado las sensaciones de cada color del arco iris, deje que desaparezca el violeta, e imagínese bañado por una luz blanca pura.

Meditación con luz dorada

Siéntase cómodo, cierre los ojos y tome tres respiraciones profundas. Perciba la agradable relajación en su cuerpo.

Ahora visualice una hermosa bola de luz dorada a unas pocas pulgadas encima de su cabeza. Vea esta luz fluyendo lentamente y entrando por la coronilla. Sienta la luz dorada relajando cada parte de su cuerpo a la que penetra. Siéntala moviéndose lentamente hacia abajo, relajando cada célula que encuentra en el camino.

Finalmente, deje que la bola de luz dorada bañe sus pies con su maravilloso y tranquilizante brillo. Permita que permanezca ahí aproximadamente un minuto, y luego deje que suba de nuevo a través de su cuerpo, hasta que regrese al sitio inicial encima de su cabeza.

Si lo desea, puede hacer este ejercicio dos o tres veces, relajándose cada vez más.

Meditación de concentración

Este método de meditación involucra observar algo específico, relajando al mismo tiempo la mente y el cuerpo. Usualmente utilizo un mandala o yantra pictórico para esto.[2] Un yantra pictórico tiene un punto central, conocido como bindu, que actúa como punto focal para la meditación. En realidad, un simple punto puede ser considerado como yantra y usado para meditación. (Vea en el capítulo 10 más información sobre mandalas y yantras). Una bola de cristal también es usada comúnmente como punto focal. Usted puede enfocar su atención sobre prácticamente cualquier cosa. Supongamos que está usando un atractivo arreglo floral.

Siéntese cómodamente a varios pies de las flores y obsérvelas. Tome tres respiraciones profundas, exhalando lentamente, y luego olvide la respiración. Simplemente mire las flores. Observe los diferentes colores y texturas, y los distintos verdes de diversos tallos.

Después notará que el arreglo floral tiende a fundirse en una mezcla homogénea. Dejará de ver colores individuales o flores separadas, y en lugar de eso se sumergirá más en un estado tranquilo, meditativo y contemplativo.

Meditación del conteo regresivo

Relájese cómodamente con los ojos cerrados. Imagine una gran pantalla de cine, y que el número cien es escrito enormemente en ella. Observe este número y luego deje que se disuelva hasta que desaparezca por completo de su mente. Imagine el número noventa y nueve escrito en la pantalla. De nuevo haga que este número desaparezca. Continúe la cuenta regresiva hasta que sienta que está lo suficientemente relajado en cuerpo y mente para empezar a recitar el mantra. La mayoría de veces encuentro que estoy totalmente relajado al llegar al noventa, aunque ha habido ocasiones en que he descendido hasta el cincuenta antes de proceder con la siguiente etapa.

Meditación caminando

Aunque puede parecer raro, es perfectamente posible meditar caminando. En realidad, tal vez usted lo ha hecho muchas veces sin saberlo. Si alguna vez ha caminado en algún lugar mientras su mente estaba preocupada, ha desarrollado una meditación caminando.

Encuentro más fácil hacer esta meditación mientras silenciosamente repito un mantra (vea ejemplos en la siguiente sección). El mantra debe ser repetido a la par con los pasos, y es una forma muy efectiva y rápida de alcanzar un estado de total relajación.

Recitación mantra

La recitación mantra es posiblemente la más conocida forma de meditación. Un mantra es una frase corta que se repite una y otra vez, usualmente en voz alta. Jan Gonda afirma que los mantras son un medio efectivo de "entrar en contacto o identificarnos con la esencia de la divinidad que está presente en el mantra".[3]

El mantra más famoso es *Om mani padme hum*, que usualmente es traducido como "O, tu joya del loto". Aunque esta es una traducción correcta, es muy superficial. Este importante mantra significa mucho más que eso. *Mani* puede representar algo precioso, incluyendo una mente iluminada. *Padme* representa la flor de loto, además de despertar espiritual. Como *Om* representa el cuerpo universal, aquí tenemos cuerpo, mente y espíritu. En Singapur se considera que este mantra significa "que haya paz en el mundo".

Om es pronunciada "aum". Esta palabra tiene significado especial, pues cuando es dicha empieza desde la parte más profunda de la garganta y termina con los labios cerrados. Esto se relaciona con alfa y omega, el comienzo y el fin. La palabra *Om* representa la conciencia cósmica universal. *Mani padme* se pronuncia "mah-nee pahd-may", y *hum* es pronunciada "haum", ya que es una variación de *Om*.

Para decir el mantra, tome una respiración larga y profunda. Media exhalación es usada para pronunciar "Om", seguido por "mani padme", y un prolongado "hum" al final.

Usted sentirá una poderosa vibración, casi como un hum, mientras dice este mantra. Repitiéndolo una y otra vez, gradualmente se sentirá más sintonizado con lo infinito, lo cual es el propósito de utilizar mantras. Abren puertas a mundos invisibles, y dan acceso a la fuerza vital universal. Los mantras también nos ayudan a ganar paz mental y alegría.

Om mani padme hum es el mejor mantra, y puede ser usado en toda ocasión. Usted no necesita usarlo, sin embargo le recomiendo que lo haga, especialmente al comienzo. Puede crear su propio mantra empleando la frase que le guste. Algunos mantras consisten en grupos de sílabas que no tienen un significado particular; lo que los hace actuar es el ritmo y el tono del canto. No obstante, los mantras casi siempre tienen propósitos específicos. Otros que pueden ser utilizados en ocasiones particulares incluyen los siguientes:

Om aeeng kaleeng soo. Este mantra es usado si la petición se relaciona con una mayor habilidad de palabra, tanto escrita como hablada.

Om shareeng hareeng kaleeng. Este se utiliza si la petición se relaciona con riqueza.

Om aeeng hareeng kaleeng. Este es usado si la petición tiene que ver con liberarse de preocupaciones y tener mayor felicidad.

Om shareeng hareeng kaleeng. Este mantra se emplea si la petición está asociada con relaciones sexuales. Sin embargo, debe ser usado con cuidado, ya que también tiene que ver con la concepción.

Om hareeng. Este es utilizado si la petición se relaciona con salud, particularmente en recuperación de enfermedades.

Om aeeng kaleeng hareeng. Este mantra se utiliza para protección y ayuda a cumplir deseos.

Notará que los anteriores mantras son similares. Las palabras individuales son llamadas *samput*, y su posición en el mantra afecta tanto el propósito como el resultado de éste.

Usted debe repetir el mantra que está usando durante cinco minutos. Los mantras son muy útiles como medio meditativo. Al finalizar este tiempo estará en posición perfecta para pedir que su deseo sea cumplido.

Enviar la petición

El método que me enseñaron hace años para hacer esto es simple y efectivo. Todo lo que usted necesita es prenderle fuego al pedazo de papel donde fue escrito su deseo. Mientras se quema, imagine su deseo dirigiéndose al universo.

El fuego ha sido usado en ritos mágicos durante miles de años. Siempre se ha considerado sagrado, y los antiguos creían que era un regalo de los dioses. La adoración al fuego fue común en las culturas primitivas, y se creía que era un dios o un símbolo del poder divino. Este culto era una mezcla de alabanza y temor. No es sorprendente que mitos de casi todas las culturas contengan historias de cómo los humanos llegaron a poseer el fuego.

El fuego puede calentar y arder. La vida existe gracias al fuego del , pero un fuego en otras condiciones puede destruirla. Por consiguiente, debe ser tratado cuidadosamente. Una imagen tradicional de felicidad en el hogar es una familia sentada alrededor de la chimenea —seguros, cómodos y protegidos—.

El fuego era uno de los cuatro elementos de los antiguos en Occidente, y aún es vital en prácticas mágicas. En Oriente hay cinco elementos: madera, fuego, tierra, metal y agua. Durante el día de año nuevo chino, las personas cargan y muestran hermosos faroles para representar el elemento fuego, y se encienden fuegos artificiales.

En la tradición cristiana, el fuego es una encarnación del Espíritu Santo. En Jeremías 23:29 leemos: "¿no es mi palabra como fuego?, dice Jehová". Dios aparece como fuego en varias ocasiones, en especial cuando se le presentó a Moisés en un arbusto ardiendo

(Éxodo 3:2).[4] Este es un ejemplo del fuego espiritual que arde pero no se consume. En el budismo, un pilar de fuego es un símbolo de Buda.

En la alquimia, el fuego era representado como un triángulo y siempre fue el elemento unificador. El fuego también es usado para simbolizar la unión con la divinidad, otra razón para ser una popular elección en prácticas mágicas. También se utiliza como metáfora para el deseo. Aunque dicho simbolismo es usualmente sexual, abarca todas las formas del deseo. Todo lo anterior se ajusta perfectamente a nuestros propósitos.

Cuando su petición se haya quemado totalmente, dé gracias al universo por todas las bendiciones en su vida. Yo prefiero pasar unos pocos minutos disfrutando la agradable sensación de relajación antes de retornar a una plena conciencia normal. Pienso en mi solicitud antes de ser consciente de mi respiración. Gradualmente percibo mi entorno y los ruidos externos. Finalmente, abro mis ojos y me estiro.

A muchas personas les gusta finalizar sus rituales de manera formal. Usted decide cómo hacerlo. Tal vez quiera hacer una reverencia a cada una de las cuatro direcciones cardinales. Si ha usado velas, sóplelas inmediatamente después de inclinarse en su respectiva dirección.

Los miembros de la orden del Golden Dawn terminan sus meditaciones con la "señal del silencio". Para hacer esto, párese con los pies juntos y las manos a los lados. Patee una vez con su pie izquierdo. Toque el centro de su labio inferior con el índice de su mano izquierda y sus otros dedos cerrados.

No hay necesidad de pasar más tiempo pensando en la petición. Ya se ha ido al universo y todo lo que usted necesita hacer es permanecer confiado en que será concedida. Algunas personas encuentran casi anticlimáxico finalizar de este modo. Después de establecer la escena y completar el ritual, esperan algo emocionante y dramático al final. Debo admitir que personalmente espero ansioso la quietud y paz al terminar la ceremonia. Ojalá usted sienta lo mismo. Si espera una lluvia de estrellas y un coro de Ángeles, debería hacer lo mismo que una estudiante mía. Ella se abraza y grita "¡es mío! ¡es mío! ¡es mío!".

Por supuesto, no siempre es fácil llevar la atención de nuevo a la vida diaria. Podría encontrar que para retornar al mundo normal es necesario una enérgica caminata u otra forma de ejercicio.

Algunas personas se sienten frustradas porque no hay nada más que hacer. De hecho sí lo hay, y eso será cubierto en el siguiente capítulo.

Quema de papel en Oriente

En Oriente, la quema de papel es una realidad de la vida, y se desarrolla en toda Asia, incluso en lugares donde la práctica está oficialmente degradada o prohibida.[5]

El año nuevo chino es un tiempo de fiesta, diversión y visitas familiares. Las casas son minuciosamente limpiadas y decoradas con imágenes en papel. Un cartel del dios del hogar o la cocina, que ha sido expuesto durante todo un año, será reemplazado por uno nuevo. Se cree que el día veintitrés del duodécimo mes este dios reporta lo que la familia ha hecho durante el año. Por consiguiente, sus labios son frecuentemente untados con miel pegajosa para asegurar que no pueda abrir su boca o tenga sólo cosas dulces que informar.[6] Nuevas imágenes de las otras deidades, particularmente de los muchos dioses de la riqueza, también serán expuestas el segundo día de año nuevo.

El día quince del primer mes es el "festival de los faroles", en el cual se hacen sacrificios a los cientos de dioses en el cielo.[7] Son quemados enormes montones de papel moneda, hojas con oraciones y caballos de papel. Los caballos y el dinero son para asegurar que las oraciones alcancen su destino. Las hojas con oraciones son buenos ejemplos de personas escribiendo su propia magia.

La siguiente ocasión en la que son quemados objetos de papel es en el festival de Qingming, durante el segundo o tercer mes del año lunar. Las tumbas de los ancestros son minuciosamente limpiadas, y para la felicidad y comodidad de ellos en su morada se hacen sacrificios de alimentos y una gran variedad de objetos de papel.[8] En el pasado, la ofrenda consistía en papel moneda y ropa de papel, pero hoy día es probable incluir objetos de dicho material tales como televisores, cartas, casas y latas de cerveza.

Durante la fiesta de los "fantasmas hambrientos" (*hungry ghosts*), llevada a cabo el séptimo mes del año lunar, son quemados muchos de esos artículos. Sin embargo, además de enviar objetos a sus ancestros, las personas también queman otros para apaciguar espíritus extraviados.

El séptimo día de la séptima Luna, conocido como la "fiesta del doble séptimo", es la fecha más importante para las mujeres solteras. De acuerdo a la leyenda, este es el día en que las urracas forman un puente a través de la Vía Láctea para permitirle a la doncella tejedora visitar a su amante, el pastor de ganado. Debido a esto, las mujeres solteras consideran como su patrona a la doncella tejedora, a quien le envían ofrendas de papel. Las ofrendas de papel incluyen peines, espejos, ropa y mensajes escritos.

En el noveno día del noveno mes, es celebrado el Chongyang, el festival de subida a las alturas. En Penang, Malasia, muchas personas hacen una peregrinación al templo de los "nueve soberanos venerables" en este día, y usan amuletos de papel.

Hay otras épocas del año en que se queman objetos de papel. Diferentes dioses reciben ofrendas en su día de nacimiento, y las deidades que cuidan diversas ocupaciones también son recompensadas el mismo día. Por ejemplo, Wen Ti, el dios de la literatura, es adorado en la tercera luna y de nuevo durante la octava luna, por quienes se ganan la vida como escritores. Él es representado sosteniendo un lápiz y un libro que contiene cuatro caracteres que dicen "el cielo decide el éxito literario".[9] El papel moneda y las peticiones se envían a él en los días en que es adorado, con la esperanza de que el cielo ayudará a los esfuerzos literarios de las personas que hacen las ofrendas.

Cuando alguien muere, la familia enciende velas, ofrece comida, y quema papeles ceremoniales para hacer más tranquilo el camino del fallecido al otro mundo. El ataúd será acompañado en el sitio del entierro por una variedad de ofrendas de papel como chequeras, tarjetas de crédito, casas, carros y televisores, que son quemadas junto a la sepultura. El papel moneda es frecuentemente tirado al aire en dirección a la tumba.

La costumbre de quemar ofrendas de papel ha permanecido intacta hasta el presente. En algunas partes de Asia, hay restricciones respecto a cómo y cuándo pueden ser hechas las ofrendas, pero parece seguro que no están en peligro de extinguirse las tiendas que venden papeles espirituales.

Las velas

Otro método de enviar la petición al universo es prender una vela que tenga el deseo inscrito a los lados. Naturalmente, la petición debe ser escrita con la menor cantidad de palabras posible.

Si tiene tiempo, podría hacer sus propias velas. Conozco personas que hacen esto. Disfrutan pensar acerca de sus peticiones mientras hacen las velas, y así adicionan poder y energía a sus deseos. En el pasado he hecho mis propias velas, pero ahora uso unas hechas comercialmente. Esto es sólo un asunto de tiempo; si tuviera más horas libres empezaría a hacerlas otra vez.

Prefiero utilizar una vela cuadrada, ya que es más fácil inscribir las palabras en ella que en una redonda o irregular. Muchas personas creen que las velas de forma triangular amplifican sus peticiones, ya que salen hacia el universo y por consiguiente son más efectivas. Sin embargo, una vela cuadrada es más sólida y conectada a lo terrenal. Si su deseo se relaciona con asuntos financieros o el hogar, es probable que sea la vela más apropiada. Si su petición se relaciona con comunicación o creatividad, experimente con velas de forma cilíndrica y triangular. Hay un poder particular al escribir la petición en una espiral alrededor de una vela circular.

Usted puede escribir su deseo en español, o tal vez prefiera usar un alfabeto secreto como el tebeo o templario.[10] En el apéndice C se incluyen tres alfabetos secretos. Cuando use un alfabeto mágico debe concentrarse más que cuando escribe las palabras en español. Esto da poder adicional al ritual. También puede ser usado para mantener secreto su mensaje.

El color de la vela es importante. Una blanca es satisfactoria para todas las peticiones, pero puede elegir usar otro color para una tarea específica. En Oriente, el rojo significa buena suerte y el dorado dinero. Por esta razón la decoración de la mayoría de restaurantes chinos incluyen estos colores. Por lo tanto, si desea que en su vida haya buena suerte o dinero, puede escoger una vela roja o una dorada.

Si su petición se relaciona con su propósito en la vida, debería usar una vela asociada a su camino de vida numerológico.[11] Este camino se determina haciendo una suma de su mes, día y año de nacimiento, y reduciéndola a un solo dígito. Hay dos excepciones a esto. Si en el curso de reducción a un dígito atraviesa el número 11 ó 22, debe detenerse ahí y no reducir a 2 ó 4.

A continuación veremos un ejemplo. Suponga que nació el 12 de julio de 1973. Las matemáticas arrojan lo siguiente:

$$
\begin{array}{ll}
7 & \text{Mes} \\
12 & \text{Día} \\
\underline{1973} & \text{Año} \\
1992, & \text{y } 1 + 9 + 9 + 2 = 21, \text{ y } 2 + 1 = 3
\end{array}
$$

Esta persona tiene un camino de vida de 3.

Este es otro ejemplo. Una amiga mía nació el 29 de febrero de 1944:

$$
\begin{array}{ll}
2 & \text{Mes} \\
29 & \text{Día} \\
\underline{1944} & \text{Año} \\
1975, & \text{y } 1 + 9 + 7 + 5 = 22
\end{array}
$$

Ella tiene un camino de vida de 22, ya que los números 11 y 22 no son reducidos.

Creamos una suma vertical de los números porque los 11 y 22 pueden ser perdidos si los adicionamos en una línea recta. Este es el caso de la fecha de nacimiento de mi amiga:

2 (Mes) + 2 + 9 (Día)
+ 1 + 9 + 4 + 4 (Año) = 31, y 3 + 1 = 4

Cada número de camino de vida se relaciona con un color específico:

1—rojo
2—naranja
3—amarillo
4—verde
5—azul
6—índigo (azul oscuro)
7—violeta
8—rosado
9—bronce
11—plata
22—dorado

Use una vela que se asocie con el color de su camino de vida si su petición tiene que ver con la dirección de su existencia.

Podría encontrar que cuando esté escogiendo la vela, una de ellas sobresale más que las otras, como si lo hubiera elegido a usted. No vacile, escoja esa vela cada vez que esto ocurra. Muchas veces he pensado comprar una vela de determinado color, pero salgo de la tienda con otro diferente. Todos los colores tienen significados, y para las peticiones generalmente es buena idea elegir uno que se relacione con su deseo, excepto, por supuesto, cuando una vela lo escoja a usted.

Significados de los colores

Blanco

El blanco se relaciona con pureza, inocencia y verdad. Es excelente para nuevos comienzos y cada vez que se requiere energía. Remueve la negatividad y promueve una visión positiva de todos los aspectos de su vida. Es un color excelente para cualquier propósito.

Rojo

El rojo crea entusiasmo y energía. Se relaciona con salud, fortaleza, pasión, sangre, y nuestros instintos más primitivos. Las velas rojas deben ser encendidas si su petición se relaciona con amor, sexo, energía o salud. También es un buen color para deseos ambiciosos.

Naranja

El naranja se asocia con todas las relaciones cercanas. Si tiene dificultad para congeniar con alguien y su petición tiene que ver con ello, el color apropiado es el naranja.

Amarillo

El amarillo se relaciona con el intelecto, la creatividad y expresar las alegrías de la vida. Si desea mejorar su potencial creativo o ser más alegre en la vida, debería usar este color.

Verde

El verde siempre ha sido considerado un color curativo y edificante. Se relaciona con el equilibrio emocional, la paz mental y el progreso estable hacia los objetivos. También tiene que ver con esperanza, confianza, procreación, dinero, abundancia, éxito y suerte. Si su petición se relaciona con cualquiera de estas cosas, una vela verde es la apropiada.

Azul

El azul se relaciona con versatilidad, viajes y dinero instantáneo. Representa verdad, inspiración, salud, sabiduría, lealtad y paz mental. Es un buen color para personas que trabajan por su propia cuenta. También provee entusiasmo, muchas ideas y esperanza en el futuro. Es bueno para quienes están enamorados. Escoja una vela azul si su petición tiene que ver con algo de lo anterior. El azul es de protección, y cualquier objeto de este color en su casa ayuda a protegerlo de la negatividad. Una vela azul es apropiada si está experimentando negatividad en cualquier área de su vida.

Índigo (azul oscuro)

Es raro encontrar una vela con el verdadero índigo, pero la azul oscura es una buena sustituta. Este color se relaciona con el hogar, la familia, la seguridad, y el cuidado y responsabilidad de otros. El índigo es edificante, y debe ser escogido si su petición tiene que ver con ayudar a los demás —particularmente a los miembros de la familia— de cualquier manera.

Violeta y morado

Estos siempre han sido considerados colores espirituales y deberían ser usados si su petición se relaciona con crecimiento filosófico o espiritual. También tiene que ver con la inteligencia y el conocimiento, y son una buena elección si su deseo está ligado a estudio, aprendizaje o desarrollo psíquico. El violeta también es un color tranquilizante y un buen tónico para personas muy cansadas o con estrés.

Rosado

El rosado siempre ha sido considerado romántico, así que una vela de este color debe ser usada si su petición tiene que ver con amor de cualquier forma. Sin embargo, el rosado también se relaciona con éxito financiero a largo plazo, y también puede utilizarse si el deseo está ligado a negocios. Es un color de pureza y honestidad que armoniza bien con intenciones nobles. También representa gentileza, afecto, lealtad y honor.

Bronce y tonos otoñales

El bronce se relaciona con actividades humanitarias, y debe ser usado si su petición está ligada a ayudar a los demás. Es más universal que el índigo, que se relaciona con ayudar a personas cercanas a usted. Si su deseo involucra el servicio a otras personas a gran escala, esta es la vela apropiada.

Plateado

El plateado se relaciona con crecimiento y desarrollo interior. Si su petición tiene que ver con intuición o lo oculto, este es el color que debería escoger. También es adecuado en caso de deseos concernientes a las artes y cualquier cosa hermosa.

Dorado

El dorado es el color apropiado si su petición tiene que ver con algo importante a gran escala. Si espera dirigirse en nuevas direcciones y asumir desafíos diferentes, este es el color que debe escoger.

Pardo

El pardo es un color arraigado firmemente en la tierra. Por consiguiente, es bueno escogerlo si la petición se relaciona con propiedades. También está asociado con el dolor. Si su deseo tiene que ver con corregir una equivocación que ha cometido, una vela parda es la más adecuada.

Negro

El negro es considerado un color negativo, y he observado que muchas personas se asustan, de las velas negras. Usted no debería usarlas si las considera malas y peligrosas. Sin embargo, las velas negras son muy poderosas y pueden ser utilizadas si su deseo involucra descubrir secretos y determinar la verdad.

Si tiene problemas para decidir qué color es apropiado para usted, escoja el blanco. Las velas blancas pueden ser usadas para cualquier propósito. Por lo tanto, siempre mantengo unas cuantas para cuando las necesite.

Me gusta inscribir mi mensaje sobre la vela con una aguja de tejer caliente. Un amigo mío prefiere utilizar una navaja y puede hacer un muy buen trabajo con ella. Los seguidores de la wicca a menudo graban las palabras con un cuchillo de mango blanco. Frecuentemente escriben sus peticiones en tebeo y no en su idioma natal.[12] Experimente y use el método que le parezca más apropiado.

Yo prefiero inscribir mi mensaje tarde en la noche, cuando hay poca probabilidad de ser interrumpido. Escribir un mensaje sobre una vela toma tiempo y concentración, y creo que esto ayuda a hacer el proceso más efectivo.

Después de escribir mi mensaje, envuelvo la vela en un trapo y la guardo hasta el día siguiente. No importa en qué tipo de material se envuelve la vela, siempre y cuando el trapo le sea estéticamente agradable.

Revestir la vela

Cuando esté listo para enviar su mensaje al universo, frote la vela cuidadosamente con aceite de oliva de buena calidad. Hay aceites comerciales disponibles para revestir velas de esta manera, pero el de oliva funciona muy bien y también es fácil de obtener. Use un trapo fino y aplique siempre el aceite en la vela del centro a los extremos. Comience en el centro y avance hasta la parte superior; luego, comenzando desde el centro otra vez, frote la vela hasta la parte inferior.

Piense en su propósito al usar la vela mientras la está revistiendo. Esto casi se puede convertir por sí mismo en un ritual, y es una parte esencial del proceso. Si utiliza la misma vela varias veces, debe revestirla, o ungirla, cada vez antes de su uso.

El propósito de esta parte del proceso es remover cualquier negatividad de la vela, que puede haber sido originada en su fabricación, o absorbida mientras esperaba ser comprada por usted.

Bendecir la vela

Una vez que la vela ha sido limpiada, debería ser bendecida. Póngala en su palma derecha y luego descanse ésta sobre su palma izquierda. Esto crea un círculo de energía. Cierre los ojos y piense en su propósito al encender la vela. Visualice cómo estará una vez que la petición haya sido concedida. Bendiga la vela por su parte en el proceso. Finalmente, agradezca al arquitecto del universo por permitir que sus sueños se hagan realidad. Tome una respiración profunda y diga "gracias" tres veces mientras exhala. No hay diferencia si dice estas palabras en silencio o en voz alta.

Encender la vela

Ahora es tiempo de encender la vela. Lo mejor es hacer esto al anochecer. Coloque la vela en el altar de su casa si tiene uno. De otra manera, limpie una mesa y póngala en el centro. Yo tengo una gran tela azul con la que cubro la mesa antes de empezar.

Encienda la vela y luego apague las luces de la habitación. Siéntese en una posición en la que pueda ver la llama. Mientras el humo asciende, piense en su petición y cómo el humo la está llevando hacia el universo.

Permanezca observando el humo todo el tiempo que se sienta cómodo. Encuentro que aproximadamente media hora es el tiempo apropiado para mí. No sople la vela. Para apagar la llama cubra la mecha o use sus dedos.

Su petición no será completamente transmitida hasta que toda la vela se haya consumido, así que deberá hacer este ritual varias veces hasta que eso ocurra. Sin embargo, su deseo se habrá ido al universo desde el momento que encienda la vela por primera vez. Por consiguiente, debe considerar cada sesión adicional como refuerzo de la original. Personalmente prefiero prender la vela durante un período de días sucesivos. Si me siento muy cansado o estresado en una noche, aplazo la sesión hasta que me sienta relajado y en control. Si es posible, encienda su vela durante una serie de noches, pero no se preocupe si no realiza este ritual en forma consecutiva.

Disolver tinta

Cuando tenía veintiún años pasé un año en Glasgow, Escocia. Mi casera era una excéntrica señora mayor que nunca se había casado. A todas partes que iba, incluso de habitación a habitación en su casa, cargaba una escoba. Después de unos meses descubrí que la escoba era para protección, ya que no se sentía cómoda con hombres y tenía temor que un día alguno la atacara. Esto me sorprendió, pues todos sus huéspedes eran de sexo masculino. Si yo hubiera sido ella habría albergado mujeres. Ella estaba en el final de sus setenta cuando la conocí, y nunca había sido atacada, así que tal vez la presencia de una escoba funcionaba bien después de todo. Me tomó varios meses sentirme completamente relajado junto a ella. De hecho, nuestro interés mutuo por la adivinación fue lo que nos permitió convertirnos en amigos.

Esta señora tenía un método interesante de escribir magia, el cual había aprendido de su abuela. Usaba un pequeño plato blanco de porcelana aproximadamente de cinco pulgadas de diámetro. En este plato escribía su petición, usando una pluma fuente y tinta azul que disolvía en agua. Ella tenía una hermosa letra y podía escribir largas peticiones con letra diminuta.

Una vez que escribía su petición, sostenía el plato frente a ella y lo miraba fijamente mientras tomaba respiraciones profundas. Cada exhalación sonaba como un suspiro.

Después de varias respiraciones profundas ponía el plato en el suelo y cerraba los ojos aproximadamente media hora. Durante este tiempo pensaba en su deseo y por qué lo anhelaba. Al final de este rato se levantaba y lavaba el plato en un tazón con agua hervida. La tinta estaba normalmente bastante mojada en este momento, y se disolvía rápidamente en el agua hervida. Mi patrona secaba su plato especial y lo guardaba cuidadosamente antes de beber el agua en el que lo había lavado.

Usé esta técnica durante algunos años después de aprender de esta señora, y encontré que funcionaba muy bien. Rápidamente descubrí por qué usaba porcelana. Las plumas fuente parecen escribir mucho mejor en porcelana de buena calidad que en lozas más baratas. Si aún tuviera una pluma fuente probablemente todavía estaría usando este método. Si usted desea ensayarlo y no tiene pluma, trate de usar un marcador de punta de fieltro con tinta soluble en agua.

Otro método que vi involucraba tinta invisible. Hace muchos años conocí un hombre mayor en la cima de una montaña sagrada. Él llevaba varios dardos de papel. Observé que los lanzaba al aire desde las cuatro direcciones cardinales, y le pregunté para qué lo hacía. Había escrito sus peticiones en el papel con tinta invisible antes de hacer los dardos. Recitó un breve hechizo mientras lanzaba cada uno de ellos. Él era un hombre agradable, pero parecía avergonzado por estar haciendo eso. Desapareció antes que pudiera hacerle más preguntas.

Deseo del templo taoísta

Este método usa un número de elementos que hemos discutido anteriormente. Vi esto por primera vez en un templo taoísta, pero desde entonces también he observado su práctica en casas. En su forma más simple involucra una bendición que es escrita en tres tiras de papel por el médium del templo. La persona que ha pedido el deseo o bendición se arrodilla frente al altar, donde uno de los secretarios del médium quema la primera tira de papel y echa las cenizas en un vaso con agua. Quien hace la petición bebe el líquido, y, en efecto, toma el deseo o bendición. Luego la segunda tira es prendida y, mientras se quema, es pasada sobre el cuerpo y la cabeza del solicitante para proveer un escudo de protección. Después la tercera tira de papel es colocada en un sobre verde y dada a la persona para que la conserve.

No hay razón para que no pueda desarrollar esta ceremonia. Escriba su petición o bendición en tres papelitos. Queme y beba el primero en un vaso de agua. Prenda fuego en el segundo y dé la vuelta cuando esté ardiendo para que se provea de un círculo de protección. Ponga el tercer papelito en un sobre, preferiblemente verde, y llévelo con usted. Cada vez que vea el sobre, o lea el papel, recordará su petición. Conserve el sobre hasta que el deseo haya sido cumplido, y luego quémelo. Haga de esto una ceremonia. Agradezca al universo por conceder su petición mientras le prende fuego al sobre. Observe el humo ascendiendo mientras da gracias por todas las bendiciones en su vida.

En el análisis final, no importa qué método use para enviar su petición al universo. Todos funcionan. Podría experimentar con cada uno de ellos y ver cuál prefiere. También puede decidirse a usar métodos variados en diferentes ocasiones. Lo importante es que esté feliz con el ritual y se sienta confiado de que su petición ha sido enviada.

Magnetizarse

Capítulo 8

Las palabras son también acciones, y las acciones son un tipo de palabra.

RALPH WALDO EMERSON (1803–1882)

 PUEDE PARECER EXTRAÑO QUE usted ponga por escrito su petición, haga un ritual para enviarla al universo, y luego simplemente se detenga. En cierto sentido, no ha terminado aún el proceso. Debe mantener una expectativa positiva de que su deseo será cumplido. No deberá dudar que se hará realidad lo que ha pedido. Después de todo, al nivel más profundo, su voluntad es también la voluntad del Creador. Por consiguiente, el arquitecto del universo concederá su petición.

Hay un concepto interesante conocido como "suerte". Algunas personas parecen tener buena suerte todo el tiempo, mientras a otras les pasa lo contrario. Sin importar qué tan desafortunado haya sido en el pasado, las técnicas de este libro le permitirán ser en el futuro una de las personas con mayor suerte. En realidad, no creo en la suerte, sino que creamos nuestro destino por la forma en que pensamos. Si se considera desafortunado, así lo será hasta que cambie sus pensamientos. Las personas afortunadas tienen una visión positiva; esperan que les sucedan cosas buenas, e invariablemente ocurren.

Es natural sentirse deprimido cuando las cosas no salen como queremos. Sin embargo, incluso en estas situaciones las personas naturalmente afortunadas piensan, "no funcionó esta vez, pero la próxima lo hará". Estas personas superan rápidamente su depresión y empiezan a planear de nuevo. Esperan que sucedan cosas buenas, y por supuesto, eso es exactamente lo que reciben.

Es vital que usted sea positivo mientras espera que sus peticiones sean concedidas. De esta forma pone la suerte de su lado.

No se sabe cuánto tiempo pasará antes que sus deseos sean realizados. Usualmente, las peticiones simples son manifestadas rápidamente, y los deseos más complejos toman más tiempo. No obstante, este no siempre es el caso.

Hace algunos años, necesitaba varios miles de dólares para asistir a una convención en otro país. Estaba ilusionado por ir, pues uno de los oradores tenía valiosa información sobre un tema de interés mutuo. Ya que necesitaba una gran suma de dinero, no esperaba un resultado rápido. Sin embargo, sólo horas después de enviar mi petición, alguien llamó y me pidió hacer un trabajo para su empresa. Los honorarios fueron suficientes para cubrir todos los costos de la convención.

Usted debe mantener un sentido de esperanza positiva hasta que su objetivo sea realizado. Naturalmente, en ocasiones tendrá dudas e incertidumbre. Cada vez que se encuentre pensando negativamente, recuerde que el asunto ahora está en manos del universo y será solucionado. Estos sentimientos serán escasos y poco frecuentes una vez que se magnetice.

Un imán atrae y repele. Naturalmente, usted deseará repeler energías negativas que le impida alcanzar sus metas. Igualmente, querrá atraer sus objetivos.

Es importante que se magnetice fuertemente para que cualquier pensamiento de fracaso desaparezca antes que esté completamente formado. Su mente debe permanecer calmada, serena y confiada de que su deseo será concedido. Hay muchas formas de hacer esto.

Pensamientos, sentimientos y emociones

Mientras espera que su petición sea concedida, piense en lo diferente que será su vida una vez que eso suceda. Vea con el ojo de su mente lo más claro posible los cambios beneficiosos que ocurrirán. Imagínese disfrutando los placeres y ventajas de su nueva vida cuando su objetivo haya sido alcanzado. Puede pensar en su petición cada vez que tenga tiempo libre.

Sea consciente de los sentimientos y emociones concernientes a su petición, así tendrá un considerable vínculo emocional con un resultado positivo. Deje que estos sentimientos y emociones fluyan cuando piense en sus objetivos. Los deseos que tienen un componente emocional siempre son más exitosos que peticiones que han sido trabajadas clínica y lógicamente.

Afirmaciones

Otro método es usar afirmaciones lo más frecuentemente posible. Las afirmaciones son sugestiones positivas que son deliberadamente implantadas en la mente subconsciente. También nos recuerdan que necesitamos ser conscientes de los pensamientos, y que somos responsables de nuestras acciones. Todos tenemos de cincuenta mil a sesenta mil pensamientos al día. Muchos de ellos son negativos. Ya que nos convertimos en lo que pensamos, es importante tener más pensamientos positivos que negativos. Cada vez que se encuentre pensando algo negativo, vuélvalo positivo, o dígase a sí mismo una afirmación. Puede ser útil recordar que los pensamientos crean nuestra realidad. Debemos asegurarnos que estamos pensando la mayor cantidad de cosas positivas posibles.

Usted puede decir afirmaciones a sí mismo en cualquier momento. Son más efectivas cuando son expresadas en voz alta, pues las escucha mientras las dice. Puede repetirlas de diferentes formas dando énfasis a distintas palabras en cada ocasión. También puede cantarlas si lo desea.

Sin embargo, las afirmaciones también pueden ser usadas silenciosamente. Yo siempre lo hago así mientras espero en la fila del banco. Naturalmente, no es posible decirlas en voz alta en esta situación.

Las afirmaciones deben ser expresadas en tiempo presente, como si usted ya tuviera la cualidad que desea. Es buena idea que escriba sus propias afirmaciones que se relacionen específicamente con usted y sus deseos. Debería llevar consigo las siguientes para que pueda leerlas en momentos libres:

"Estoy sintonizado con el universo".

"Sólo atraigo lo bueno a mi vida".

"Soy una persona amorosa y humanitaria".

"Soy exitoso".

Estas son afirmaciones generales que pueden ser muy útiles. No obstante, también debería componer afirmaciones específicas que se relacionen con usted y sus deseos particulares. Por ejemplo, podría decir "empezó septiembre y estoy sentado en la sala de mi nueva casa con vista al océano Pacífico". Mientras dice esto se visualizará disfrutando el confort de su entorno y el maravilloso panorama. Su mente subconsciente no puede ver la diferencia entre esta visión imaginaria y la realidad, y trabajará para hacer que sea parte de su vida.

Amuletos y talismanes

Un *amuleto* es un objeto usado o cargado para proteger a una persona y traer buena suerte. Usualmente son hechos de piedra o metal, y a menudo son grabados. Sin embargo, pueden hacerse casi con cualquier cosa. Por ejemplo, un trébol de cuatro hojas y la pata de un conejo son ejemplos de amuletos.

Un *talismán* es un objeto que se cree posee propiedades mágicas. Frecuentemente son hechos de pergamino, papiro, cerámica o conchas, pero, al igual que los amuletos, también pueden ser hechos de piedra o metal. Están destinados a producir un resultado específico de un evento que aún no ha ocurrido.

Las palabras amuleto y talismán son frecuentemente usadas como sinónimos. Esto no es correcto. Los amuletos son usados para propósitos generales; proveen protección y atraen la buena suerte. Los talismanes se utilizan en aplicaciones más específicas, y pueden ser hechos para propósitos buenos o malos. En este libro discutiremos sólo los usos positivos de los talismanes.

En la antigüedad, había diversos talismanes naturales los cuales se hacían efectivos con sólo conseguirlos:

> Mandrágora, que inspiraba amor.
>
> Topacio, el cual apartaba pensamientos negativos.
>
> Rubí, que calmaba a personas sobreexcitadas.
>
> Piel de hiena, la cual hacía a las personas invulnerables.
>
> Bezoar, el cual curaba prácticamente todo.[1]

Me interesé por primera vez en amuletos y talismanes estando en Tailandia hace más de veinte años. Allí todos parecían usar uno. La mayoría de personas llevaban puesto un amuleto de determinada clase, y algunas nunca salían sin una enorme colección de ellos colgando alrededor del cuello en una cadena de oro. Los tailandeses no dudaban en gastar grandes sumas de dinero en un amuleto que creían desviaba el mal o atraía la buena suerte.

Los amuletos y talismanes son incluidos en este libro porque el poder que poseen depende en gran parte de lo que se inscribe en ellos, sea entendido o no. Por consiguiente, es común que la inscripción sea escrita en un lenguaje que no es conocido por el dueño del amuleto o talismán.

Los amuletos y talismanes podrían ser descritos como buenos encantos para la suerte. Las personas han usado tales encantos durante miles de años, para crear buena suerte y desviar la mala. Aunque algunos en Occidente piensan que cargar un amuleto o talismán es simplemente superstición primitiva, hay que observar que los norteamericanos gastan más de $130 millones de dólares al año en encantos para la buena suerte.[2]

Los talismanes son frecuentemente usados para protección, un buen ejemplo es la medalla de San Cristóbal. Ya que este santo es el patrono de los viajeros, muchas personas lo llevan en sus carros. Es interesante ver que cuando la marina de guerra de Estados Unidos fracasó en la puesta en órbita de cohetes en 1968, los contratistas dijeron que esto fue debido a que no contenían medallas de San Cristóbal. Una medalla fue pegada al siguiente cohete y llegó a órbita sin problemas.[3]

Un famoso talismán judío es el *mezuzah*, un rollo de pergamino que contiene los estatutos del Libro del Deuteronomio. Es cargado en un pequeño estuche o pegado en el dintel de puertas porque la Biblia dice: "y las escribirás en los postes de tu casa, y en tus puertas".[4] El mezuzah es sólo un ejemplo de la gran variedad de amuletos permitidos y prohibidos que los judíos pueden escoger. Y ellos no están solos. Durante miles de años, personas de todo el mundo han tenido sus propios amuletos y talismanes para asegurar protección y buena suerte.

Los amuletos y talismanes pueden ser hechos de prácticamente cualquier cosa. Pueden ser algo tan simple como un guijarro encontrado en la orilla del mar, o una hoja de papel que contiene palabras de protección. Por supuesto, también pueden ser vistosos y valiosos, por ejemplo un collar o un anillo. Tradicionalmente, eran por lo general hechos de piedras preciosas o metales de valor, y se usaban para proveer protección y desviar enfermedades y el "mal de ojo". Los anillos hechos de piedras preciosas y metal se convirtieron en populares talismanes.

El rey Salomón usaba un anillo talismánico que tenía una piedra donde podía ver clarividentemente todo lo que necesitaba saber. El anillo era una parte importante del atavío hebreo porque contenía el sello de una persona. Las mujeres también los usaban como joyas.[5]

Hay una historia interesante acerca de un anillo que la reina Isabel I le dio a Earl de Essex para que lo usara como talismán. La reina era muy supersticiosa, una de las razones por las que siempre se colocaba tantas joyas. Su ropa e incluso su coche eran cubiertos con rubíes, esmeraldas y diamantes valiosos.

En el tiempo en que le dio a Lord Essex el anillo, él era uno de sus favoritos, y le presentó el obsequio como muestra de su afecto. También le dijo que si alguna vez no estaba en favor de ella, todo lo que debía hacer era enviarle el anillo, y con sólo verlo había un perdón instantáneo.

Cuando Essex fue encarcelado en la torre de Londres esperando ejecución, recordó lo que había dicho la reina. Pero él no confiaba en ninguno de sus sirvientes. Un día, mirando afuera de su celda, vio a un niño caminando y lo llamó. Lord Essex lo sobornó para que le llevara el anillo a Lady Scrope, la prima del conde, y le pidiera que lo enviara a la reina. El niño equivocadamente llevó el anillo a la condesa de Nottingham, la hermana de Lady Scrope. La condesa se lo mostró a su esposo, quien detestaba a Lord Essex, e insistió en que el anillo y el mensaje permanecieran ocultos.

Mientras tanto, la reina estaba esperando que el anillo llegara. Ella había revocado la orden de ejecución. Al no aparecer el anillo, ella asumió que Lord Essex era demasiado orgulloso para suplicarle perdón, y la ejecución se llevó a cabo.[6]

En su libro *The Magus*, Francis Barrett describe cómo deberían ser hechos los anillos talismánicos: "cuando una estrella ascienda en el horóscopo (afortunadamente), con un aspecto o conjunción favorable de la luna, procedemos a tomar una piedra y una hierba, que esté bajo esa estrella, e igualmente hacemos un anillo del metal correspondiente a ella; y en el anillo, bajo la piedra, ponemos la hierba o raíz, sin olvidar inscribir el efecto, imagen, nombre y carácter, como también su identificación apropiada (una decocción de raíz, hierba, flores, semilla, etc.)".[7]

No es necesario llegar a este extremo para hacer un anillo talismánico. Todo lo que necesita es encontrar un anillo atractivo que contenga una piedra asociada a su signo zodiacal o mes de nacimiento.

La creencia de que hay una piedra especial para cada mes del año se remonta a por lo menos dos mil años atrás, cuando Josephus hizo una relación entre las doce piedras del pectoral del sumo sacerdote y los meses del año.[8] Sin embargo, sólo en el siglo XVIII se hizo popular en Polonia el uso de piedras natales específicas.[9] En ese tiempo se creía que las personas debían tener doce piedras, una para cada mes del año, y usar la correcta cada período por razones terapéuticas y talismánicas.

Las piedras específicas para cada mes han cambiado ligeramente a través de los siglos. Las siguientes son las más comúnmente aceptadas:

Enero—granate
Febrero—amatista
Marzo—aguamarina, restañasangre
Abril—diamante, zafiro
Mayo—esmeralda
Junio—perla, piedra de la Luna, ojo de gato,
    turquesa, ágata

Julio—rubí, turquesa, ónix
Agosto—peridoto, sardónice, cornalina,
   piedra de la Luna, topacio
Septiembre—zafiro, crisolito
Octubre—ópalo, berilo, turmalina
Noviembre—topacio
Diciembre—turquesa, rubí, restañasangre,
   lapislázuli

Tal vez prefiera usar la piedra que se relaciona con su signo astrológico:

Aries—diamante, rubí, jaspe rojo
Tauro—lapislázuli, zafiro
Géminis—citrino, ágata amarilla
Cáncer—perla, piedra de la Luna
Leo—ojo de gato, ágata dentrítica
Virgo—jaspe verde, sardónice
Libra—zafiro, aguamarina
Escorpión—rubí, ópalo, jaspe rojo
Sagitario—topacio
Capricornio—turquesa, cuarzo ahumado
Acuario—amatista
Piscis—piedra de la Luna, cuarzo rosado

También puede escoger una piedra que se relacione con el día en que usted nació:

Domingo — topacio, diamante
Lunes — perla, cristal
Martes — rubí, esmeralda
Miércoles — amatista, piedra imán
Jueves — zafiro, cornalina
Viernes — esmeralda, ojo de gato
Sábado — turquesa, diamante

Incluso hay una gema talismánica que se relaciona con cada día de la semana:

Domingo — perla
Lunes — esmeralda
Martes — topacio
Miércoles — turquesa
Jueves — zafiro
Viernes — rubí
Sábado — amatista

Finalmente, como el talismán va a ser algo que deseará usar o mantener cerca a usted, es importante que sea un objeto que le atraiga estéticamente. Si no le llaman la atención las piedras para su mes, signo zodiacal o día de la semana, escoja una que le llame la atención.

Para hacer esto, observe una variedad de piedras. A menudo una en particular tiene aura especial que la separa de las demás. Esa es la que debería comprar. También puede encontrar la piedra apropiada usando la psicometría. Sostenga en la palma de su mano cada una de las piedras que le atraen. Experimentará una respuesta de una o más de ellas. Su mano podría sentir calor o frío, o tal vez tendrá la sensación de que la piedra que cogió es la apropiada. Compre la que mejor le responda, y úsela como su talismán personal.

En un tiempo se pensaba que no debíamos comprar una piedra preciosa para nosotros mismos. Esos días hace mucho tiempo terminaron. Después de todo, en principio hemos trabajado por nuestro dinero; gastamos tiempo y energía en pos de él. Ahora estamos simplemente intercambiando parte de ese dinero para comprar algo que nos protegerá y ayudará.

Los talismanes son importantes en diversas formas. Primero, cada vez que observe el suyo le recordará su deseo. Segundo, los talismanes proveen protección para la persona que lo usa o lleva. Y tercero, pueden ser cargados con energía positiva para ayudarlo en todo lo que desee. Encuentro muy útil llevar conmigo un talismán personal que se relacione específicamente con mi deseo.

Elaborar su propio talismán

Generalmente, encontrar un amuleto o talismán apropiado es más fácil que hacerlo. Sin embargo, si tiene conocimiento y pericia, debería hacer uno para usted mismo.

Los amuletos usualmente son atractivos a la vista; por lo tanto, necesita habilidades artísticas para hacerlos. Los talismanes son mucho más fáciles de elaborar.

Los más sencillos consisten en palabras escritas en papel. Hay diversas formas de hacer esto.

Podría simplemente escribir todos los detalles de su petición y mantener esto sobre su cuerpo o en su bolso o billetera. Conozco muchas personas que usan talismanes de esta clase. Si le preocupa que alguien más pueda encontrar el suyo y leer lo que ha escrito, hay tres opciones: podría escribir su petición usando alfabeto mágico, describirla en una o dos palabras, o reducir éstas a un sólo número usando numerología, como se mostró en el capítulo 1.

Por ejemplo, si su petición consiste en atraer a su vida la persona adecuada, podría simplemente escribir *amor*. Cada vez que mire esta palabra en su talismán, traerá a su mente la petición completa. Yo he usado este método, y sé que funciona muy bien.

Sin embargo, usted podría tener razones específicas para no querer que alguien vea incluso la única palabra que ha escrito en su talismán. En este caso, debería convertir esta palabra en un solo número usando numerología básica. La palabra *amor* se convertiría en el número once. Si alguien viera el número once escrito en un pedazo de papel, no significaría nada. No obstante, cada vez que observe su talismán y vea el número, inmediatamente recordará que es el equivalente de la palabra *amor*, y luego el resto de su petición regresará de inmediato a su mente.

Puede escribir su mensaje sobre lo que desee. Un pedazo de papel es probablemente lo más apropiado, ya que puede ser doblado y cargado en un bolsillo, bolso o billetera. Tal vez prefiera usar papel pergamino, o incluso hacer su papel. La efectividad radica en el talismán, no en cómo es hecho. No se preocupe si no tiene habilidades artísticas. Un artista podría escribir el mensaje en medio de una hermosa decoración, pero el simple hecho de escribir el número en un pedazo de papel resultará igualmente efectivo.

Talismán para la salud

Muchas personas consideran la palabra *abracadabra* como un término sin sentido usado por artistas. La palabra en realidad tiene una larga y fascinante historia. Nadie sabe exactamente de dónde proviene originalmente, aunque es probable que se derive de la frase caldea *"abbada ke dabra"*, que significa "perece como la palabra".[10] Las palabras fueron inicialmente registradas por el médico romano Quintus Serenus Sammonicus en el año 208 d. de C., pero se cree que son aun más antiguas. El talismán para "abracadabra" consiste en once líneas. La superior contiene la palabra *abracadabra*, la siguiente elimina la letra final, y una letra es removida en cada una de las restantes líneas hasta que la última queda simplemente con la letra *A*.

```
ABRACADABRA
ABRACADABR
ABRACADAB
ABRACADA
ABRACAD
ABRACA
ABRAC
ABRA
ABR
AB
A
```

En la Edad Media este talismán era utilizado como una cura para fiebres. El mensaje se escribía en un pedazo de papel que era atado en el cuello del paciente con un trozo de lino y era usado durante nueve días. Al final de ese tiempo, el mensaje era tirado hacia atrás, sobre el hombro del paciente, a un arroyo que fluyera al Este.[11]

Si se siente mal, haga este talismán en una hoja de papel y llévelo con usted durante nueve días. Lea en voz alta cada línea del talismán todos los días. A medida que las letras disminuyen, también lo hará su enfermedad.

Tradicionalmente, la escritura de este talismán tenía que ser hecha por alguien que fuera puro de corazón. Era importante que las letras individuales no se tocaran entre sí. También se cree que este talismán era más efectivo cuando se escribía en letras hebreas. Esto se debe a que *abracadabra* es escrito con nueve letras en hebreo. El nueve siempre ha sido considerado un número mágico especial.[12] Aleph, la primera letra de abracadabra en hebreo, es repetida nueve veces mientras el hechizo es dicho, y esto también le da poder adicional.

Una palabra mística, tal como *abracadabra*, que es grabada sobre un talismán, se conoce como *sigilo*. (Un sigilo también es una forma mágica; ver más adelante). *Abracadabra* ha pasado la prueba del tiempo. Otros sigilos que fueron populares en la Edad Media son ahora prácticamente desconocidos. En un tiempo *Agia* fue un popular sigilo. Fue creado con las primeras letras de la frase latina que significa "tú eres poderoso por siempre, O Señor". El sigilo *anizapta* era usado para prevenir la embriaguez.

Los nombres Gaspar, Melchor y Baltazar, los tres reyes magos de la historia cristiana, fueron utilizados como sigilos para ayudar a encontrar objetos perdidos. Los nombres eran inscritos sobre tabletas de cera y colocados debajo de una almohada. Se creía que producían un sueño que revelaba dónde podía ser encontrado el objeto perdido. Muchas personas creían que este sigilo podía localizar amigos perdidos además de artículos extraviados.[13]

Talismanes astrológicos

Los orígenes de la magia talismánica están perdidos en el tiempo. Antiguas figuras grabadas que han sido encontradas datan de tiempos paleolíticos y neolíticos, muestran que la práctica se remonta a la prehistoria.[14]

Los talismanes astrológicos también son muy antiguos, y están relacionados con los siete planetas que eran conocidos en la antigüedad. Cada planeta ejerce su propio carácter e influencia sobre quien tenga un talismán relacionado a ese planeta específico. Los talismanes astrológicos son usualmente cuadrados mágicos (conocidos como *kameas*) o sigilos (una forma mágica que contiene la esencia de una palabra).

Un cuadrado mágico es un arreglo de números en el cual cada fila horizontal, vertical y diagonal suma el mismo total. Los cuadrados mágicos han sido usados en muchas partes del mundo durante miles de años, pero su época de oro, en lo que concierne a la magia, fue en tiempos medievales, cuando estaban activos magos tan famosos como Abbot Johannes Trithemius (1462–1516) y Cornelio Agripa (c. 1486–1535).

El mejor tiempo para construir un cuadrado mágico es durante la hora o el día que se relacione con ese cuadrado en particular. Por ejemplo, si usted desea recibir los efectos de Júpiter (riqueza, honor, prestigio y salud), debería construir un kamea de Júpiter durante una de las horas o días de este planeta.

Días y horas de Saturno

Son buenos tiempos para escribir magia que se relacione con posesiones o éxito en los negocios. También es un buen período para aprendizaje de cualquier clase.

Días y horas de Júpiter

Se relacionan con riqueza, honor, prestigio, éxito, automejoramiento y salud.

Días y horas de Marte

Son buenos tiempos para escribir magia que se relacione con actividad física, poder y valor.

Días y horas del Sol

Son ideales para escribir magia relacionada con amistad, buena suerte, asuntos legales, reputación personal, y disolver el antagonismo de otros.

Días y horas de Venus

Son buenos para amistad, amor, asuntos familiares, belleza y las artes. También son apropiados para los viajes.

Días y horas de Mercurio

Son buenos tiempos para escribir magia asociada con comunicación, el intelecto, aprendizaje y diplomacia.

Días y horas de la Luna

Son ideales para viajes, amor, asuntos familiares, mujeres, animales, y mensajes del extranjero.

Días planetarios de la semana

Cada uno de los siete planetas rige un día específico de la semana. De hecho, esta es la razón por la que algunos de ellos recibieron su nombre inicialmente. Por ejemplo, Luna (lu-nes), Marte (mar-tes), etc.

Domingo — Sol
Lunes — Luna
Martes — Marte
Miércoles — Mercurio
Jueves — Júpiter
Viernes — Venus
Sábado — Saturno

Horas planetarias

La disposición de horas planetarias fue ideada en tiempos medievales, y divide el día y la noche en períodos iguales de doce horas. En realidad, cada hora planetaria no necesariamente contiene sesenta minutos. El verano en el hemisferio Norte, por ejemplo, las horas de luz diurna tienen más de sesenta minutos, y las horas nocturnas menos.

Para trabajar con las horas planetarias necesitará obtener tablas de las horas de salida y puesta del Sol para el área donde se encuentra. La prensa diaria provee dicha información. Asegúrese de que las horas que encuentre sean correctas para su área en particular, ya que pueden variar progresivamente en la medida que se aleja de la zona ecuatorial.

Una vez que tenga estas horas, debe calcular la cantidad de luz diurna disponible. Divida este total en doce para averiguar de cuánto tiempo será cada hora planetaria de luz diurna. Para las horas nocturnas necesita calcular la cantidad de tiempo entre la puesta del Sol de un día y la salida del siguiente. De nuevo, divida en doce este período de tiempo para determinar las horas planetarias exactas.

La figura 8.1 muestra los planetas que se relacionan con cada hora diurna y nocturna. Si está escribiendo magia relacionada con amor, por ejemplo, deberá hacerla un viernes o durante cualquiera de las horas asociadas a Venus. Si su magia se relaciona con dinero y finanzas, necesitará escribir su magia un jueves o durante una de las horas asociadas a Júpiter.

Los siete kameas

La figura 8.2 muestra los kameas para cada planeta. Pueden ser hechos en papel o pergamino y cargados como talismanes. Si tiene en mente un propósito en particular, encontrará útil hacer el kamea específico cada día, ya que el acto de crearlo también envía su deseo al universo. Piense en su deseo mientras elabora el kamea. Mantenga positivos los pensamientos, y esté confiado de que su deseo será cumplido.

Horas diurnas

	Domingo	Lunes	Martes	Miércoles	Jueves	Viernes	Sábado
1	Sol	Luna	Marte	Mercurio	Júpiter	Venus	Saturno
2	Venus	Saturno	Sol	Luna	Marte	Mercurio	Júpiter
3	Mercurio	Júpiter	Venus	Saturno	Sol	Luna	Marte
4	Luna	Marte	Mercurio	Júpiter	Venus	Saturno	Sol
5	Saturno	Sol	Luna	Marte	Mercurio	Júpiter	Venus
6	Júpiter	Venus	Saturno	Sol	Luna	Marte	Mercurio
7	Marte	Mercurio	Júpiter	Venus	Saturno	Sol	Luna
8	Sol	Luna	Marte	Mercurio	Júpiter	Venus	Saturno
9	Venus	Saturno	Sol	Luna	Marte	Mercurio	Júpiter
10	Mercurio	Júpiter	Venus	Saturno	Sol	Luna	Marte
11	Luna	Marte	Mercurio	Júpiter	Venus	Saturno	Sol
12	Saturno	Sol	Luna	Marte	Mercurio	Júpiter	Venus

Figura 8.1. Horas planetarias

Horas nocturnas

	Domingo	Lunes	Martes	Miércoles	Jueves	Viernes	Sábado
1	Júpiter	Venus	Saturno	Sol	Luna	Marte	Mercurio
2	Marte	Mercurio	Júpiter	Venus	Saturno	Sol	Luna
3	Sol	Luna	Marte	Mercurio	Júpiter	Venus	Saturno
4	Venus	Saturno	Sol	Luna	Marte	Mercurio	Júpiter
5	Mercurio	Júpiter	Venus	Saturno	Sol	Luna	Marte
6	Luna	Marte	Mercurio	Júpiter	Venus	Saturno	Sol
7	Saturno	Sol	Luna	Marte	Mercurio	Júpiter	Venus
8	Júpiter	Venus	Saturno	Sol	Luna	Marte	Mercurio
9	Marte	Mercurio	Júpiter	Venus	Saturno	Sol	Luna
10	Sol	Luna	Marte	Mercurio	Júpiter	Venus	Saturno
11	Venus	Saturno	Sol	Luna	Marte	Mercurio	Júpiter
12	Mercurio	Júpiter	Venus	Saturno	Sol	Luna	Marte

Figura 8.1. *(continuación)*

KAMEA de SATURNO

4	9	2
3	5	7
8	1	6

KAMEA de JÚPITER

4	14	15	1
9	7	6	12
5	11	10	8
16	2	3	13

KAMEA de MARTE

11	24	7	20	3
4	12	25	8	16
17	5	13	21	9
10	18	1	14	22
23	6	19	2	15

Figura 8.2. Kameas planetarios

KAMEA del SOL

6	32	3	34	35	1
7	11	27	28	8	30
19	14	16	15	23	24
18	20	22	21	17	13
25	29	10	9	26	12
36	5	33	4	2	31

KAMEA de VENUS

22	47	16	41	10	35	4
5	23	43	17	42	11	29
30	6	24	49	18	36	12
13	31	7	25	43	19	37
38	14	32	1	26	44	20
21	39	8	33	2	27	45
46	15	40	9	34	3	28

Figura 8.2. *(continuación)*

KAMEA de MERCURIO

8	58	59	5	4	62	63	1
49	15	14	52	53	11	10	56
41	23	22	44	45	19	18	48
32	34	35	29	28	38	39	25
40	26	27	37	36	30	31	33
17	47	46	20	21	43	42	24
9	55	54	12	13	51	50	16
64	2	3	61	60	6	7	57

KAMEA de la LUNA

37	78	29	70	21	62	13	54	5
6	38	79	30	71	22	63	14	46
47	7	39	80	31	72	23	55	15
16	48	8	40	81	32	64	24	56
57	17	49	9	41	73	33	65	25
26	58	18	50	1	42	74	34	66
67	27	59	10	51	2	43	75	35
36	68	19	60	11	52	3	44	76
77	28	69	20	61	12	53	4	45

Figura 8.2. *(continuación)*

136

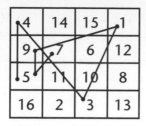

Figura 8.3. Sigilo de Virginia

Sigilos

Ya aprendió que un sigilo es una palabra mística inscrita sobre un talismán. También es un diseño creado convirtiendo las letras de un nombre en números usando la numerología, y creando luego un diseño trazando una línea que une a cada uno de estos números. Supongamos que el nombre es Virginia.

Usando la tabla numerológica del capítulo 1, las letras se convierten en los siguientes números: 7, 5, 9, 1, 3, 4, 9, 5 y 5. Podemos crear un sigilo de estos números sobre cualquiera de los kameas, pero para propósitos de este ejemplo, asumiremos que Virginia desea tener más éxito en su vida y escoge hacer un sigilo sobre el kamea de Júpiter. La figura 8.3 muestra lo anterior.

Talismanes chinos

Los chinos han estado escribiendo su magia durante más tiempo que cualquier otra cultura, y sus talismanes escritos a mano (conocidos como *fu*) son buenos ejemplos. Un fu es usualmente escrito en una hoja de papel amarillo, negro o rojo, de siete pulgadas de largo por tres de ancho. La escritura es hecha usando tinta roja o negra. Estos talismanes son mencionados en los antiguos manuscritos chinos y datan de miles de años atrás. Se cree que el emperador Amarillo, padre de los chinos, abatió a Chih You en la batalla de Cholu porque la reina madre del Occidente le había dado un fu.[15]

Los talismanes chinos pueden ser hechos de cualquier material, pero usualmente se utiliza papel. En él es escrito un mensaje a los espíritus, generalmente pidiéndole a las entidades malignas que eviten causar daño al portador del talismán. Ya que el mensaje es dirigido a espíritus, es usualmente escrito en "letra espiritual", una extraña forma de chino que sólo es entendida por adeptos taoístas.[16] Estos talismanes son sujetados al hombro, la espalda o el pecho de la persona, o pegado a una pared de su casa.

Las páginas de calendarios usados eran a menudo empleadas como talismanes. Esto se debía a que el calendario era considerado una parte esencial y valiosa de la vida. Solían ser colgados sobre pocilgas o quemados. Luego las cenizas eran mezcladas con la bazofia para actuar como preventivo contra enfermedades.

Los conjuros contra demonios eran escritos en papel amarillo que era quemado. Las cenizas se mezclaban con agua y luego eran tomadas para proveer protección. Es conocido como *shao hui t'un fu* ("el encanto de las cenizas tomadas"), y es un interesante ejemplo de escribir la propia magia. Los hechizos para curar personas que sufrían de diversas enfermedades eran escritos sobre hojas o papeles, que luego era quemados para mezclar las cenizas con líquido, del cual el paciente bebía. Esto es conocido como "tomar agua bendita".

Los talismanes religiosos son hechos de tiras de papel rojo o amarillo. Contienen palabras sagradas y usualmente son puestos encima de puertas y sobre las paredes de las casas; sin embargo, algunos son usados en el cuerpo y otros quemados y tomados.

Comercialmente se encuentran disponibles amuletos de propósitos generales, que posiblemente muestran los ocho triagramas del I Ching o unas cuantas palabras que desean buena suerte al portador del objeto.

El año nuevo chino es el día más importante del calendario de esa cultura. En esta fecha, los talismanes de papel viejo son removidos y reemplazados con nuevos. Cinco pedazos de papel son pegados encima de la puerta principal, sobre árboles, muebles y cualquier objeto valioso, para representar las "cinco cosas felices" (riqueza, longevidad, paz y tranquilidad, virtud y buena salud). El papel moneda es quemado para enviar riqueza y prosperidad a los ancestros de la persona. Hoy día, artículos hechos de papel tales como televisores, autos, casas e incluso envases de cerveza, son frecuentemente quemados para asegurar que la vida sea feliz en el otro mundo.

Los tenderos escriben la palabra *afortunado* sobre pedazos de papel que colocan en los cajones de sus escritorios. Este es otro buen ejemplo de escribir la propia magia. Por supuesto, las palabras escritas también actúan como afirmaciones además de talismanes.

El año nuevo chino es la mejor ocasión para entregar *angpows*, los famosos sobres rojos que contienen "dinero de buena suerte". Los casados y empleadores normalmente los dan a jóvenes y solteros. En retribución, estos últimos ofrecen deseos de vida larga y próspera. El dinero real en los sobres rojos puede ser usado para pagar cuentas en cualquier momento del año. De hecho, los pagos hechos a otras personas son a menudo entregados en un sobre rojo decorado.

En febrero de 1986, fue usado un fu para ayudar a resolver un caso de desfalco en una sucursal del Banco de Taiwan en Kaohsiung. Mientras la policía aún estaba trabajando en el caso, dos de los empleados del banco consultaron un *chitung* (shamán) de la región llamado "Muchacho Rojo" para ver si podía ayudar a solucionar el problema. Después de pensar un tiempo en el asunto, Muchacho Rojo le pidió a los empleados del banco que le llevaran una de sus compañeras de trabajo para verla. Para asegurar que fuera, les dio un fu que debía ser puesto en una pata de su silla. Esta persona fue a ver a Muchacho Rojo y confesó el delito.[17]

Aparentemente hay más de un millón de tipos de fus disponibles, cubriendo toda posible petición que alguien pueda necesitar. Por ejemplo, hay fus que se relacionan con cada computación posible de salud, riqueza, amor y felicidad. También hay para la protección mientras se viaja, fus que cambian el destino, los que ayudan a localizar objetos perdidos, y aquellos que le permiten a los niños recibir una zurra de sus padres sin sentir dolor. Los granjeros usan muchos tipos de fu para proteger sus animales, repeler insectos, ratones y serpientes, atraer lluvia, prevenir desastres (artificiales o naturales), y asegurar un beneficio al final de la estación.

Un verdadero fu es bendecido por un sacerdote taoísta antes de ser usado, y el conjuro que él canta es muy importante. Las palabras entonadas y las del fu son inseparables. Después de la bendición, el fu es usualmente girado tres veces alrededor de un pebete y dado a la persona que lo usará. Debido al gran número de solicitudes de fus, muchos templos producen los tipos más comunes con máquinas impresoras para suplir la demanda.

Rollos de año nuevo

Otra parte importante del año nuevo chino son los rollos puestos en las puertas principales para dar la bienvenida a la primavera y atraer prosperidad. Desde tiempos antiguos, las personas, sin importar su estatus de vida, han usado estos rollos para exponer sus habilidades literarias o expresar sus deseos y esperanzas en el futuro. Aunque la tradición empezó mucho más antes, los rollos sólo se hicieron populares en la dinastía Ming (1368–1644), cuando Chu Yuan-chang decretó que todos debían poner un rollo de año nuevo en sus puertas.

El tema de estos rollos varía. Muchos simplemente dan la bienvenida a la primavera. Los granjeros pueden usarlos para desear paz y armonía entre sus animales. Algunos contienen aforismos y palabras de consejo, tales como "la bondad es una joya que fluye a los descendientes de uno; la abstención es el camino que lleva a la fortuna", o "todos los hombres son hermanos dentro de los cuatro mares; cuida a tu prójimo además de tu propia familia". Otros podrían anunciar el tipo de negocio en que están comprometidos. Y, por supuesto, muchos son dirigidos a atraer mayor éxito en el hogar. "Cada día una libra de oro", "bienvenida la buena fortuna de todas las estaciones", y "riqueza, visítanos aquí", son algunos ejemplos.

En la actualidad la mayoría de rollos son producidos masivamente y contienen mensajes cliché. Sin embargo, aún es materia de orgullo escribir un pareado poético que sea nuevo y diferente, y también se relacione con los deseos y necesidades de la familia.

Hoy día muchos rollos contienen un sólo carácter tal como *primavera*, *riqueza* o *buena suerte*. Estos son usualmente colgados al revés porque "al revés" es en chino un homónimo de "arribar". Colgar el mensaje de esta forma significa la llegada de la primavera.

Obviamente, los chinos son más abiertos que los occidentales en lo que se refiere a escribir su propia magia. No puedo imaginar una casa en Occidente con las palabras "riqueza, visítanos aquí" en la puerta principal. No obstante, en su propia forma los chinos se magnetizan a sí mismos. Componen el mensaje, lo ponen por escrito, y luego lo exponen para que todos lo vean. Cada vez que observan este mensaje o afirmación, se fija más en su conciencia, y ya que todos atraemos lo que pensamos, es probable que logren sus objetivos.

Muestre su gratitud

Mientras espera que su petición sea respondida, piense en cómo expresará su gratitud al universo. Dele anticipadamente las gracias por cumplirle su deseo. Decida exactamente lo que va a hacer para manifestar su agradecimiento. Entre más dé de sí mismo, más recibirá como retribución. Dé abundantemente y recibirá de la misma forma. Lo que usted ofrezca puede no tener relación directa con su petición, pero es una forma de expresar su gratitud al universo por darle lo que usted quiere.

Escriba su propia magia con cristales y piedras preciosas

Capítulo 9

Sermones en piedras, y provecho en todo.

WILLIAM SHAKESPEARE (1564–1616)

 EN EL CAPÍTULO ANTERIOR vimos lo poderosos que pueden ser los amuletos y talismanes para atraer lo que queremos. También es posible usar cristales y piedras preciosas en casa para lograr el mismo efecto.

Las personas han sido conscientes del increíble poder de los cristales durante miles de años. La energía es éstos se ha usado para muchos propósitos, tales como curar enfermedades, desarrollar la intuición, proveer protección, limpiar y balancear los chakras, adivinación, meditación, y atraer lo que queremos.

Los antiguos egipcios creaban hermosas joyas que estaban destinadas a mejorar la calidad de vida de quien las usaba. Por ejemplo, Galeno registró que el rey egipcio Nechepsus usaba un amuleto de jaspe verde con el grabado de un dragón. Era colocado sobre sus órganos digestivos para fortalecerlos. Los resultados fueron muy beneficiosos.[1] A propósito, se dice que el mismo Galeno también usaba un anillo que contenía jaspe para restañar sangre.[2]

Los antiguos chinos utilizaban hermosas joyas en puntos de acupuntura para proveer protección y aumentar la energía. Y de acuerdo a la Biblia, los sumos sacerdotes se ponían un pectoral que tenía valiosas piedras preciosas, cuando querían comunicarse con Dios.[3]

Los magos, profetas y sabios del pasado le atribuían a las gemas muchas cualidades que deducían por observación y experimentación. Por ejemplo, las piedras preciosas son relacionadas con los diferentes planetas, los signos del zodiaco, y diversas cualidades que oscilan entre virtudes y salud. Es muy posible que las personas hayan empezado a usar gemas por razones talismánicas mucho antes de que las emplearan para embellecerse. Es triste que hoy día las joyas sólo se utilicen como adorno.

Estando en Hong Kong aprendí la forma de usar cristales y gemas para atraer lo que quería. Tai L'au, un amigo que vivía ahí, siempre tenía algo interesante para enseñarme o mostrarme. Era un maestro natural con un atractivo método de comunicación, y tenía una risa contagiosa. Todo lo divertía, y pienso que fue el sentido del humor lo que lo mantuvo saludable y activo hasta su repentina muerte a los noventa y tres años de edad.

"¿Quiere aprender?", me preguntaba riendo.

"Sí, sí", yo le contesté. "Por eso estoy aquí".

"¿No está aquí para verme?".

"Por supuesto, estoy aquí para verlo, pero también quiero aprender".

"¿Qué desea aprender?".

"Sobre cristales y gemas".

"Ah". Tai L'au se abrazó y balanceó. "Piedras preciosas. ¿Quiere riqueza?". Luego rió alborotadamente, como si hubiera hecho una gran broma.

El tiempo no significaba nada para mi maestro. Para él no había diferencia si una lección tomaba cinco minutos o cinco horas. Sin embargo, nunca la finalizaba hasta no estar seguro de que yo había asimilado todo lo que necesitaba saber.

"¿Por qué el dólar es verde?", preguntó.

"No tengo idea".

Tai L'au meneó su cabeza. "Eso no es una respuesta. Piense. ¿Por qué el dólar es verde?".

"¿El verde se relaciona con dinero?".

Sabía que estaba en lo correcto cuando Tai L'au comenzó a reír.

"Sí, sí", dijo, cuando su risa finalmente se detuvo. "El verde es el color de la riqueza. Consiga un cristal verde para que lo sostenga mientras medita. Cójalo con su mano izquierda. Será rico si lo hace". Luego rió nuevamente. "El amarillo también funciona". Movió su cabeza. "Pero el verde es mejor".

Tal vez no haya sido un método de enseñanza ortodoxo, pero aún puedo recordar muchas lecciones palabra por palabra. No podría decir eso de otros maestros de los que he aprendido.

En mi siguiente visita a Hong Kong le llevé a Tai L'au un jade hermoso proveniente de Nueva Zelanda. Estaba encantado con el regalo y se meció de un lado para otro con él apretándolo fuertemente contra su pecho. Yo sabía que él estaba psicometrizando el jade mientras se balanceaba.

"¿Por qué me trajo esto?", preguntó.

"Usted me dijo que el verde es el color de la riqueza. Quería darle algo verde".

"No necesito riqueza". Miró alrededor su pequeño apartamento. "Lo tengo todo". Consideró esto un gran chiste y rió prolongadamente". Usted me dijo que el verde significaba riqueza en todas las formas, no sólo dinero". Tai L'au dijo que sí con la cabeza. "Está aprendiendo, buen muchacho". Luego rió nuevamente. Después me dijo que el mejor cristal para atraer riqueza financiera era uno verde en forma de pirámide.

Sin embargo, me previno de que nunca lo usara para objetivos meramente egoístas. En lugar de eso, debía pensar en cómo podría usar toda la riqueza obtenida para ayudar a otras personas además de beneficiarme personalmente". "Recuerde el precio", dijo. "Siempre hay un precio que debe ser pagado". Después me llamó la atención descubrir que él regularmente usaba cristales verdes cada vez que enviaba una petición personal al universo. El método que me enseñó es comúnmente utilizado en Oriente. He visto su práctica en Hong Kong, Malasia, Singapur, Filipinas, Indonesia, Sri Lanka y la India. No obstante, parece ser poco conocido en Occidente.

Ritual de los siete cristales de Tai L'au

Tai L'au usa la conocida estrella de David, la cual consiste en dos triángulos equiláteros, uno apuntando hacia arriba y el otro hacia abajo (figura 9.1). Las mejores dimensiones son las que usan siete u ocho

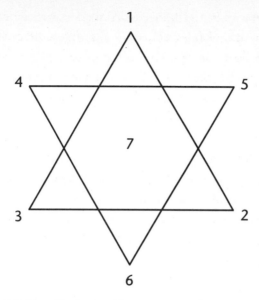

Figura 9.1. Estrella de David

unidades. Una estrella de David que tiene lados de siete u ocho pulgadas (o centímetros) será más poderosa que una con lados de cualquier otra longitud.

Usted necesitará seis pequeñas gemas y una que sea al menos dos veces más grande que las demás. Lo ideal es que todas tengan el mismo color, pero si lo desea puede usar cristales o piedras preciosas de diferentes colores. Yo tengo un juego de piedras verdes que suelo usar. Es importante que usted encuentre gemas o cristales atractivos y disfrute tocarlos y observarlos. No se apresure a comprar las primeras piedras que encuentre. Tome su tiempo. Tóquelas y vea qué sensación recibe al hacerlo. Algunas piedras parecen calientes, otras frías. Hay gemas que causan hormigueo en la mano, y otras pueden crear un efecto en otra parte del cuerpo. Tómese su tiempo, y ponga especial atención a las piedras que reaccionan a su tacto.

Limpieza

Las piedras necesitan ser limpiadas antes de su uso. Hay varias formas de hacerlo. Si son nuevas, debe enterrarlas en sal gema durante tres o cuatro horas. Esto remueve cualquier vibración que puedan haber recibido de sus anteriores dueños. Después de sacarlas de la sal, lávelas en agua limpia, preferiblemente corriente, y déjelas secar al Sol. Una vez que estén secas, bríllelas suavemente con un trapo limpio, y estarán listas para usar. Deshágase de la sal, ya que ha absorbido toda la negatividad de los cristales y no debe ser usada de nuevo.

Cuando sea posible, lave los cristales con agua de lluvia o con agua potable. Al lavarlas llene su mente con pensamientos de amor. Sugiera que todas las energías negativas abandonen el cristal, dejando sólo las energías positivas. Piense en su deseo en forma positiva y expectante; todos estos sentimientos serán transmitidos al cristal.

También puede limpiar los cristales colocándolos junto a amatistas o cuarzos claros por lo menos veinticuatro horas. Antes de usarlos, sosténgalos en sus manos y llénelos de pensamientos amorosos.

Otro método es bañar los cristales con la luz del Sol o la Luna. Colóquelos en una ventana donde reciban toda la energía positiva posible.

Muchas personas encuentran que enterrar sus cristales durante veinticuatro horas es una buena forma de limpiarlos y recargarlos. Entierre los cristales terminados con sus puntas hacia abajo. Límpielos con un trapo cuando los saque, y sienta si están listos para usar.

Finalmente, podría limpiar sus cristales y gemas tomándolos con la mano derecha, cerrando los ojos, y transmitiéndoles pensamientos de amor. Relájese todo lo posible, y visualícese rodeado por una luz blanca purificadora. Siéntala entrando a su cuerpo a través de la coronilla y fluyendo por su brazo izquierdo hasta llegar a la mano y la piedra.

Después de la limpieza, si los cristales están mojados, déjelos secar por si solos, ojalá expuestos a la luz directa del Sol. Cuando se hayan secado, bríllelos suavemente con un trapo limpio. Después de esto, ponga las seis piedras más pequeñas en las puntas de la estrella de David. Hay una forma establecida para hacerlo. El primer cristal es colocado en el extremo más alto del triángulo que apunta hacia arriba. El segundo cristal es puesto en el lado inferior derecho del mismo triángulo, y el tercero se ubica en la punta restante. El cuarto cristal es colocado en la punta del otro triángulo que está justo encima del tercer cristal. El quinto es puesto en la punta de la derecha del cuarto cristal, y el último es ubicado en la posición inferior. El séptimo cristal, el grande, es luego colocado en el centro de esta formación.

Este arreglo puede ahora ser activado para proveer buena suerte para usted y todo el que viva en la casa. Esto es hecho visualizando la distribución de cristales como un vórtice de energía que asciende en espiral. Muchas personas encuentran más fácil visualizar esto si miran directamente los cristales hasta que pueden imaginar la energía moviéndose en círculo. Luego se mueven hacia atrás y permiten que la energía ascienda en espiral.

Los cristales deben ser cuidados. Desempólvelos regularmente y lávelos cuando sea necesario. Ya que los cristales absorben pensamientos y vibraciones, lávelos lo más pronto posible después que hayan sido dichas palabras hoscas cerca a ellos. Si usted ha estado involucrado en un altercado, espere hasta que se sienta calmado y relajado, de tal forma que pueda llenar los cristales con pensamientos de amor mientras los limpia.

Esta estrella de David dará protección y buena suerte para su casa y todos los que en ella vivan. Sin embargo, también puede usarla para propósitos mucho más específicos. Para hacer esto, necesitará una fotografía suya sonriendo o riendo. Es importante que se vea feliz y que la foto no contenga a nadie más fuera de usted. En el respaldo escriba lo que quiere, pero hágalo como si ya lo tuviera. En otras palabras, escríbalo como una afirmación. Por ejemplo, si su petición se relaciona con dinero, podría escribir "tengo cinco mil dólares en el banco". Usted puede no tener dinero en el banco en el momento que escribe esta petición, pero eso no importa. Si desea concebir, podría escribir "tengo un hermoso niño/niña", dependiendo de lo que quiera.

Pegue esta fotografía en el cristal grande en la estrella de David. Visualice la energía ascendiendo en espiral desde la estrella hacia el universo, para finalmente traerle lo que usted ha pedido.

Mandalas

Capítulo 10

Incluso una sola palabra puede ser la chispa de un inextinguible pensamiento.

PERCY BYSSHE SHELLEY (1792–1822)

 HACE MÁS DE TREINTA años, me enseñaron lo que creo que es el más grande secreto al escribir nuestra propia magia. El hombre que me lo enseñó era un ministro de la iglesia presbiteriana de Escocia. No era consciente de esto en ese tiempo, pero ahora me doy cuenta que él era un rebelde en muchas formas. Curaba personas con las manos. Muchos en la iglesia no lo aprobaban, pero debido a su éxito se le permitió continuar su trabajo curativo. La curación era una cosa y la magia otra. Él debe haber confiado mucho en mí para compartir este secreto.

Empezó mostrándome un libro de símbolos y logotipos. Muchos de ellos me eran familiares.

Luego dijo, "¿no es interesante que usted pueda observar un simple símbolo e instantáneamente recuerde lo que representa? Esto muestra la profunda e intrínseca relación entre los dos. Un símbolo o logotipo apropiado se convierte en lo que representa. Si yo le mostrara el símbolo de un equipo de fútbol, usted inmediatamente se transportaría al campo de juego en su imaginación".

El ministro me dio una hoja de papel y un lápiz. "Ahora, rápidamente, sin ni siquiera pensarlo, dibújeme un diseño simple que represente su casa". Yo vacilé, él adicionó, "no piense en ello, sólo hágalo, rápido, rápido".

Apresuradamente dibujé una casa y un jardín. Mi amigo meneó su cabeza. "No quiero un dibujo complejo, sino un símbolo. Podría tratarse de dos trazos con el lapicero, o tal vez cien, bueno?". Volteó el papel. "Hágalo ahora, rápido, rápido".

Esta vez hice algo sin pensarlo. Resultó ser un contorno en forma de huevo con algunas líneas onduladas dentro de él. Me tomó aproximadamente veinte segundos dibujarlo.

Mi amigo lo observó un largo rato, moviendo silenciosamente su cabeza. Luego de una prolongada pausa me pidió que le hablara acerca de lo que había hecho.

"Bien", empecé. "El huevo representa hogar y familia. Seguridad, supongo que podría decir. Seguridad y amor. Las líneas representan mi familia".

"¿Por qué están entrelazadas?".

"Para mostrar que nuestras vidas están ligadas. Lo que una persona hace tiene efecto sobre las demás".

"¿Y cómo lo hace sentir?".

"¿Cómo me hace sentir?". Me sorprendió la pregunta. No tenía idea de que mi dibujo infantil debía hacerme sentir algo.

"Sí. Observe de nuevo, y dígame lo que siente".

Lo hice como él sugirió, y para mi sorpresa, surgieron diferentes emociones.

"Siento calidez, amor, tristeza por estar tan lejos de casa, ternura, ¿es eso suficiente?".

Me dio una palmadita en la espalda. "Eso está bien. Dígame, si pierde ese dibujo y repentinamente lo encuentra diez años después, ¿aún surgirían los mismos sentimientos?".

"Podrían cambiar ligeramente, pero aún serían sentimientos acerca del hogar y los seres queridos".

"¡Exactamente!". Mi amigo sonrió encantado. "Ese garabato puede ser su símbolo para hogar".

Aún no tenía idea de lo que me estaba enseñando. Sin embargo, durante las noches siguientes me motivó a dibujar otros símbolos que representaban una variedad de emociones.

Aunque no lo sabía en ese tiempo, estaba dibujando mandalas. Un mandala es una representación geométrica del cosmos y usualmente consiste en una serie de círculos concéntricos alrededor de un punto central que simboliza el universo.[1] Este punto conocido como *bindu*, es un punto focal para la meditación. Un mandala tiene tres cualidades básicas: un centro (bindu), simetría y puntos cardinales. Por supuesto, en un mandala circular estos últimos no son visibles, sin embargo están presentes.

En su forma más simple, un mandala puede ser un punto. Contiene el bindu esencial, simetría perfecta y los puntos cardinales. Un mero punto es completo en sí mismo y representa a Dios. Obviamente, sus dibujos tendrán más detalles. Hacer un bindu en una hoja de papel es usualmente el punto de inicio del mandala.

Los *yantras* son un tipo de mandala que se elabora para propósitos meditativos. En efecto, un yantra es una ilustración de lo divino, y por consiguiente debe ser tratado con reverencia.[2]

Un yantra pictórico es usualmente hecho de círculos, triángulos, cuadrados y lotos. Los mandalas son tradicionalmente elaborados con círculos y cuadrados. El círculo siempre ha sido considerado un símbolo de la psique o el ser. Incluso Platón lo describía en estos términos.[3] El cuadrado simboliza la tierra, el cuerpo y el mundo cotidiano.

No debemos restringirnos por estas limitaciones. Los dibujos que hacemos son simplemente imágenes de nuestro corazón que representan el pensamiento o la emoción que estamos expresando. Hay muchos ejemplos de mandalas abstractos. Las ventanas rosadas encontradas en un gran número de catedrales son buenos ejemplos, al igual que las aureolas que rodean a Jesús y los santos en muchas pinturas religiosas. Los mandalas circulares aparecen incluso en grabados en rocas hechos antes del invento de la rueda.[4] Los ejemplos modernos pueden ser vistos en los planos originales de la ciudad de Washington, D.C., y el trabajo de artistas contemporáneos como Paul Klee, Wassily Kandinsky, Robert Delaunay y Paul Nash.

Cuando haga sus propios mandalas es bueno que comience con un punto, y luego elabore un diseño alrededor de él mientras se enfoca en lo que está representando. Dibuje rápidamente y con el menor pensamiento consciente posible.

Puede escoger cualquier tema. Yo tengo un juego de veinte diseños que representan una gran variedad de objetos. Originalmente los hacía en hojas de 8½ x 11 pulgadas. Este es un buen tamaño para colocar sobre una pared. También quería un juego más pequeño, así que llevaba conmigo la carta o cartas en las que me concentraba en el momento. En principio copié los diseños en tarjetas de negocios en blanco, pero luego encontré una baraja de cartas también en blanco en una papelería. Éstas tienen el tamaño ideal para llevarlas en mi billetera o el bolsillo.

Mis diseños son el blanco y negro, pero si usted lo desea puede hacerlos a color. No escoja los colores lógicamente, deje que su intuición lo guíe a los que debe usar.

Puede hacer diseños para cubrir el asunto que desee. Los temas en mi juego de cartas son:

amor
espiritualidad
meditación
mi esposa
mis hijos
mis nietos
felicidad
hogar
amigos
carrera
objetivos
estudio

escribir
salud
dinero
viajes
jubilación
creatividad
esperanzas y sueños
hablar en público

Su juego de diseños puede ser completamente distinto. Uno de mis estudiantes compiló uno que incluía:

evitar enfermedades
atraer un compañero sentimental
superar el insomnio
eliminar espíritus malignos
contactar su ángel guardián
hacer amigos
ganar un aumento de salario
evitar la enfermedad de Alzheimer

Como puede ver, no hay límites para los diseños que puede elaborar. Lo único importante es que el tema sea relevante para usted. No necesita preparar veinte diseños; uno o dos podría ser lo que necesite. Yo hago nuevos sólo cuando los requiero, y usualmente se relacionan con objetivos específicos. Algunos quedan permanentes en mi colección de diseños, mientras otros son usados hasta que cumplen su propósito y luego se desechan.

Cómo usar los símbolos

Los símbolos son extraídos de su corazón y representan temas de gran importancia para usted. Por consiguiente, poseen increíble poder en un nivel subliminal. Cada vez que vea sus símbolos, ocurren cambios bajo el nivel del consciente.

Yo prefiero colgar sobre la pared de mi oficina el símbolo con el que estoy trabajando. Tengo un marco especial para mis símbolos, y cualquiera que los vea probablemente pensará que son raras muestras del arte moderno. Colgar el símbolo sobre la pared significa verlo frecuentemente y se convierte en una afirmación silenciosa. Cada vez que lo veo recuerdo mi propósito de tenerlo a la vista. Nadie más sabe lo que es, o para qué lo estoy exponiendo. En ocasiones, las personas hacen comentarios sobre mis símbolos, pero no tienen idea de su verdadero propósito.

Los símbolos son fáciles de usar. Al menos una vez al día, siéntese frente a su símbolo con sus ojos a la misma altura del bindu o punto central del dibujo. Mire fijamente el centro del símbolo al menos un minuto. Esto imprime el diseño completo sobre su mente subconsciente.

Gradualmente comience a pensar en su propósito al dibujar el símbolo. Si es un objetivo, piense en cómo será su vida una vez que lo haya alcanzado. Sienta las sensaciones de éxito y felicidad en su cuerpo todo el tiempo que pueda.

Finalmente, cierre los ojos y dé gracias al universo por concederle su petición. Ábralos y observe de nuevo el diseño. Párese y haga una reverencia frente al símbolo, reconociéndole su ayuda y agradeciéndole por hacer realidad sus sueños. Cuando haya hecho esto, continúe con su día. Se sentirá relajado y positivo después del ejercicio.

En Oriente creen que cuando se medita sobre un mandala primero se percibe como un mapa del mundo. Gradualmente se transforma para simbolizar a la persona que está meditando, y al final, mientras continúa la experiencia, representa a la persona en perfecta unidad y equilibrio con el cosmos.

Mandala de protección

En ocasiones todos necesitamos protección. Aunque tal vez pensemos que podemos manejar todo lo que la vida nos presenta, poco a poco nos debilitamos con cosas tales como el estrés, un jefe problemático, la negatividad de otras personas, o un ataque psíquico. La acumulación constante de pequeñas frustraciones puede al final destruir nuestro bienestar. Muchos ataques cardiacos han sido atribuidos al estrés y la tensión en el sitio de trabajo.

Es posible eliminar estas tensiones de nuestra vida haciendo un símbolo de protección. Comience colocando un bindu en el centro de la hoja de 8½ x 11 pulgadas. El papel debe tener el lado largo mirando hacia usted, en posición horizontal y no vertical.

Ponga sus manos en una posición relajada sobre el papel, con sus pulgares tocándose debajo del bindu. Observe dónde descansan sus dedos meñiques, en esos lugares trace un círculo pequeño.

Cierre los ojos y piense en su necesidad y deseo de protección. Una vez que haya hecho esto, abra los ojos otra vez, lo más rápido posible, y haga un diseño que represente sus sentimientos de protección. El único requerimiento es que el diseño incorpore los dos círculos hechos donde descansan las yemas de sus meñiques.

Ahora ha creado un mandala protector. Puede usarlo cada vez que sienta la necesidad de ser protegido, o quiera eliminar tensiones de la vida. También puede proveerle energía si se siente demasiado cansado o apático. No obstante, tenga cuidado cuando lo use para dicho propósito. Este mandala crea energía ilimitada. Si ha estado trabajando en exceso, es mejor que descanse en lugar de suministrarse más energía para poder continuar sus labores.

Todo lo que necesita hacer es colocar su mandala en una mesa, poner las manos sobre él, con los pulgares tocándose y los meñiques en sus círculos. Haciendo esto, está creando un círculo de protección que incluye el pecho, los brazos, las manos y los pulgares. Con lo anterior ya ha ganado protección y sentimientos de seguridad. Sin embargo, también está obteniendo el poder protector del mandala. El símbolo que hizo provee un gran poder adicional que entra a su cuerpo a través de sus dedos meñiques. En efecto, esto está creando un segundo círculo de protección que va desde un pulgar a través del dorso de la mano hasta el meñique, y a través de su símbolo hasta el meñique de su otra mano, y luego sobre el dorso y el pulgar de ésta, donde todo comienza de nuevo.

El increíble poder de su símbolo especial, creado por su corazón y su mente subconsciente, y combinado con dos círculos de protección, debe experimentarse para ser creído.

Trabajando en grupo

Capítulo 11

*Las palabras, cuando son escritas, cristalizan la historia;
su misma estructura da permanencia al incambiable pasado.*

FRANCIS BACON (1561–1626)

 HAY VENTAJAS Y DESVENTAJAS al escribir magia completamente solos. Obviamente, usted no deseará hacer peticiones muy personales frente a los demás, pero muchas de ellas son mejoradas cuando son desarrolladas por un grupo. Como ejemplo están las peticiones que benefician a los demás. Usted podría hacer una para ayudar a una comunidad, una ciudad, un país, o incluso el mundo.

A través de los años he estado involucrado en varios grupos de pensadores. Este es un término ideado por Andrew Carnegie y popularizado por Napoleón Hill, el célebre autor de *Think and Grow Rich*. Hill pasó muchos años estudiando los hábitos de las personas más exitosas de su tiempo. La mayoría de ellas estaban involucradas en pequeños grupos de individuos de mentalidad semejante que daban motivación y consejos, y actuaban como un tablero sonoro para las ideas.

También había un elemento psíquico. Hill encontró que cada vez que dos personas se unían "creaban una fuerza invisible e intangible que podía ser comparada con una tercera mente".[1] En otras palabras, cuando dos personas trabajan juntas con los mismos propósitos, tienen el potencial de crear mucho más que trabajando por separado.

Dion Fortune (1891–1946) fue una prolífica autora y fundadora de la Society of Inner Light. Ella dedicó toda su vida a revivir la "tradición de misterios de Occidente". En su libro *Applied Magic and Aspects of*

Occultism, se refirió a grupo de mentes pensantes como "la mente colectiva".[2] Ella creía que cuando un grupo de personas trabajaban juntas por un objetivo común, creaban un ser elemental artificial. Este ser tiene una fuerza que motiva a cada miembro del grupo y le da poderes telepáticos. Entre más se concentre el grupo en el objetivo final, más grande es el ser elemental que inspira a cada persona.

El eminente ocultista W. E. Butler (1898–1978), estaba de acuerdo con esto cuando escribió: "en los trabajos mágicos de una logia, se practica la visualización constructiva, y son creadas 'formas de pensamiento' definidas".[3] Una buena logia mágica es un excelente ejemplo de un poderoso grupo de mentes pensantes.

Su grupo puede ser del tamaño que desee. El grupo de Andrew Carnegie era conformado por cincuenta personas. Números grandes son útiles si su objetivo es de alcance universal. Napoleón Hill explicó que Mahatma Gandhi efectivamente creó un gigantesco grupo de mentes pensantes de más de doscientos millones de personas, que trabajaron juntas en un estado de armonía para alcanzar el valioso objetivo.

Los grupos en los que he estado involucrado han tenido de cuatro a seis personas. El suyo podría conformarse con un número similar; no hay reglas estrictas. La mayoría de personas pueden encontrar un pequeño número de aliados de mentalidad semejante que trabajarán con ellas para lograr un propósito común. Pero, escoja su grupo cuidadosamente. Es mucho mejor tener un fuerte grupo de dos personas, que uno dividido de tres o más miembros. He visto grupos destruidos porque uno o dos de sus integrantes tenían sus propios propósitos que no concordaban con los objetivos del resto del grupo. Evite personas deshonestas, apáticas y sin ánimo. Necesita individuos entusiastas que estén preparados para contribuir al grupo y marcar una diferencia.

He encontrado que personas ocupadas son usualmente la mejor elección, pues suelen ser entusiastas y vitales, dispuestas a poner sus energías en algo que creen. Aquellos que andan sin prisa por la vida, haciendo lo menos posible, carecen de la energía y motivación que se requiere para mantener vivo un grupo de esta naturaleza.

Una vez que haya encontrado su grupo, deberá organizar regularmente reuniones. Alguien tendrá que presidir los encuentros para asegurar que no se desintegren en conversaciones casuales. En los grupos que he estado, siempre nos hemos turnado el papel de presidente.

Naturalmente, deberá discutir su objetivo particular y expresarlo en palabras. Podría encontrar útil que todos los miembros escriban sus peticiones en casa y las lleven a la reunión. Aunque todos desean lo mismo, cada uno lo habrá expresado en forma diferente y con unas ligeras diferencias. Esto necesita ser discutido y aclarado hasta que finalmente haya un objetivo específico que complazca a todos. Los miembros del grupo deberían poner por escrito este objetivo y llevarlo a casa para pensar en él hasta la siguiente reunión.

En el siguiente encuentro, deben ser tratadas las preguntas que cada uno tenga. La fraseología podría tener que ser cambiada ligeramente. Ciertas partes de la petición tal vez no son claras para todos.

Cuando las preguntas se ponen en camino, los miembros deberían discutir de nuevo sus objetivos, esta vez enfocándose en los beneficios que ocurrirán una vez que la petición sea concedida. Esto está destinado a motivar e inspirar al grupo hacia la acción.

Finalmente, cada integrante del grupo tiene que escribir la petición otra vez, y luego enviarla al universo. Es mejor hacer una ceremonia formal de esto en lugar de tenerla como parte de una reunión regular. Si el clima está bueno, yo prefiero quemar los papeles al aire libre. Cuando un grupo en el que estuve se interesó por el futuro desarrollo de un determinado terreno, conducimos una ceremonia por la noche en el sitio real.

Estos papeles pueden ser quemados juntos o separadamente. Con un grupo de cuatro personas, cada una puede pararse en uno de los puntos cardinales y quemar los papeles en el orden Norte, Sur, Este y Oeste. Alternativamente, los miembros del grupo pueden pararse en un círculo y prender fuego a todos los papeles a la misma vez.

La ceremonia debe ser conducida seriamente, pero puede ser divertida. Se puede reír y celebrar el hecho de que la petición ha salido hacia el universo y pronto será concedida. La risa contiene un increíble poder; a menudo pienso que muchas ceremonias son demasiado solemnes y serias.

Después de la ceremonia, el grupo continuará reuniéndose para discutir el progreso y mantener la motivación. Generalmente es más fácil magnetizar un grupo de esta manera que en el caso de un individuo trabajando solo. Todos tenemos tendencia a dudas y pensamientos negativos en ciertas ocasiones, y la actitud positiva de un grupo puede ayudar enormemente.

Si su grupo se ha reunido por un solo propósito, pueden decidir disolverlo una vez que el objetivo ha sido alcanzado. Esto puede ser difícil si ha trabajado por mucho tiempo en un propósito a gran escala. Sin embargo, tal vez hayan descubierto otras metas que pueden ser trabajadas en grupo, y, siempre y cuando todos estén animados, su grupo podría seguir activo indefinidamente. No obstante, esté preparado para disolver el grupo una vez que haya alcanzado sus objetivos. No hay razón para continuar con algo que ya no sirve para un propósito útil. Pero podrá siempre crear otro de estos grupos cuando sea necesario.

Hechizos

Capítulo 12

Las palabras son, por supuesto, la más poderosa droga usada por la humanidad.

RUDYARD KIPLING (1865–1936)

 AL PODER ESCRIBIR SU propia magia le será fácil lanzar hechizos para cualquier propósito que desee. Cada vez que hacemos magia, influenciamos las energías universales para alcanzar nuestro objetivo. Hacemos exactamente lo mismo cuando desarrollamos un hechizo.

Podemos hacer un hechizo para cualquier propósito, bueno o malo. Sin embargo, estará buscando problemas si lanza uno maligno sobre alguien ya que la ley del karma retornará el daño hacia usted. Así que asegúrese de que su hechizo no perjudicará a nadie, directa o indirectamente. Como lo expone el dicho, "si no perjudica a ninguno, haz lo que quieras".

Tampoco puede lanzar un hechizo para algo que es imposible para usted. Si es un fumador de cuarenta y cinco años con sobrepeso, es un desperdicio de tiempo hacer un hechizo que pretenda convertirlo en un velocista campeón olímpico.

Si el hechizo no es apropiado para usted, no tendrá éxito. Por lo general, sabemos cuando algo no es correcto para nosotros. Sin embargo, podemos perseverar a causa de una necesidad financiera o por vivir en conformidad a las expectativas de los demás. Al final puede tener éxito en actividades de esta clase, pero nunca se sentirá totalmente feliz o realizado, y el precio que debe pagar usualmente será demasiado alto.

Si no está seguro de que un hechizo es apropiado para usted, siéntese tranquilamente en algún lugar y hágase la pregunta. Perciba cómo se siente logrando cierta meta. Imagine cómo será su vida una vez que se haya realizado su deseo. Pregúntese si está preparado para pagar el precio. Si no siente una chispa de emoción cuando piensa en el objetivo, considérelo cuidadosamente antes de hacer su petición.

Requerimientos esenciales

Los cuatro elementos

Los hechizos pueden hacer uso de los cuatro elementos: aire, fuego, agua y tierra. Estos elementos primordiales son considerados las fuerzas universales y tienen un rol vital en los hechizos. Cada uno de ellos provee sus particulares atributos y fortalezas para ayudar a que envíe su hechizo al universo. Los objetos usados para representarlos varían de acuerdo al tipo de hechizo. Una vela simboliza el elemento fuego. Los cristales, flores y plantas satisfacen los requerimientos para el elemento tierra. El agua bien puede ser el líquido en el tazón que contiene las flores. El aire puede ser proveído por un pequeño ventilador, o incluso el sonido de su propia voz.

Tiempo apropiado

Las diferentes fases de la Luna son muy importantes para el éxito de sus hechizos. En el pasado se creía que los hechizos malignos eran desarrollados durante el período de la Luna menguante, cuando está pasando de llena a nueva. Los constructivos o positivos eran lanzados durante la Luna creciente, ya que crece de nueva a llena. Es incierto si éste siempre era el caso, pero actualmente usamos todas las fases lunares en los hechizos. La Luna creciente es el mejor tiempo para desarrollar hechizos relacionados con abundancia, expansión y crecimiento. La menguante es ideal para hacer los que se relacionen con decrecimiento, disminución o desaparición. También es un buen período para hacer aquellos que puedan ayudarnos a eliminar pensamientos y sentimientos negativos.

Días de la semana

Cada día de la semana tiene una relevancia especial, como vimos en el capítulo 8.

Domingo se relaciona con el Sol y el color dorado. Es un buen día para lanzar hechizos concernientes al amor, paz universal, progreso, curación y espiritualidad. También es asociado con el padre.

Lunes se asocia con la Luna y el color plateado. Es un buen día para lanzar hechizos relacionados con paz, embarazo, creatividad e intuición. También se relaciona con la madre.

Martes se relaciona con Marte y el color rojo. Es un buen día para hechizos concernientes a fuerza, salud, vitalidad, pasión, protección y liderazgo.

Miércoles se asocia con Mercurio y el color amarillo. Es un buen día para desarrollar hechizos ligados a conocimiento, comunicación y auto-expresión. También es ideal para hechizos que atraerán clientes hacia usted.

Jueves se relaciona con Júpiter y el color verde. Es un buen día para lanzar hechizos asociados con trabajo, carrera, asuntos financieros, expansión, emoción y éxito.

Viernes se asocia con Venus y el color rosado. Es un buen día para desarrollar hechizos relacionados con amor, romance, amistad y belleza.

Sábado es asociado con Saturno y el color azul. Es un buen día para hechizos que se relacionan con paciencia, autodisciplina, responsabilidad y levantarse por sí mismo.

Puede ser frustrante decidir un lunes hacer un hechizo que le ayude a encontrar un amor, y luego tener que esperar hasta el viernes para desarrollarlo. En realidad, la demora es buena en términos mágicos. Frecuentemente pensará acerca de su propósito de lanzar el hechizo entre el lunes y el viernes, y esto fortalece la petición de su mente. Cuando desarrolle el hechizo habrá mucho más poder y energía detrás de él.

Las horas planetarias (capítulo 8) indican los mejores tiempos para desarrollar los hechizos. Naturalmente, es mejor hacerlos en las horas nocturnas, ya que la magia siempre es mucho más fuerte en la oscuridad.

Yo he lanzado hechizos en el día y tenido buenos resultados, pero hay una clara pérdida de atmósfera cuando son desarrollados a plena luz del día, y creo que esto puede afectar el resultado final.

Su hechizo

El hechizo que usted hace es su objetivo particular en este tiempo. Puede componerlo en la forma que quiera. Los hechizos parecen funcionar idealmente si son escritos parágrafos rimados. No hay diferencia si son serios o graciosos. Yo tiendo a preferir hechizos alegres, pues creo que la magia debe ser divertida, incluso cuando el propósito es serio. Los siguientes son algunos ejemplos de hechizos que he usado:

"La pierna de Lisa está adolorida.
Este hechizo aliviará el dolor".

"Mi hechizo es para dinero y paz mental.
Mis pensamientos son imanes que atraen
dinero hacia mí".

"De algún modo Sophia perdió sus llaves.
Este hechizo nos ayudará a encontrarlas".

"Juan y Sarah desean un bebé.
Permita que este hechizo abra el camino".

"José aún esta indispuesto.
Este hechizo restaurará su salud y vitalidad".

Los hechizos más efectivos son los que parecen casuales, casi frívolos. Naturalmente, las peticiones serán serias, pero no hay necesidad de que el hechizo sea complicado. Siéntase libre de hacer sus propios hechizos para cualquier propósito. Ellos tendrán su energía, lo cual los hace más efectivos que los tomados de un libro de hechizos. Hágalos cortos, ya que así se recuerdan más fácilmente. Si lo desea, hágalos rimar, o use cualquier otro método que le ayude a recordarlos. Un amigo mío no prepara palabras anticipadamente, y simplemente confía en que las apropiadas surgirán en su mente cuando las necesite. Yo prefiero tener con anterioridad las palabras de un hechizo, pero a veces las cambio a último momento, si pienso en algo que considero más efectivo. No debe limitarse a las palabras que ha puesto por escrito.

Muchas personas me han dicho que encuentran imposible escribir parágrafos en forma de rima. El hechizo no tiene por qué ser escrito de esta forma. Usted puede hacerlo como desee, pero evite la escritura que suene formal. Escríbalo como si lo estuviera diciendo a un buen amigo. Esto elimina automáticamente los "tus" y "tis" que oigo de vez en cuando.

El hechizo puede ser escrito en cualquier tipo de papel. En cierto sentido, no importa lo que usted use, ya que de todos modos será quemado. Sin embargo, me gusta escribir mis hechizos en papel pergamino de buena calidad. Encuentro que es estéticamente agradable. También esta es la razón por la que escribo mi hechizo en el papel con gran cuidado, y trato de que se vea lo más atractivo y ordenado posible. Estoy seguro de que el hechizo funcionaría si solamente escribiera con prisa mi petición en un pedazo de papel, pero me siento mejor al hacer un esfuerzo adicional. Además, tengo la seguridad de que no pierdo el tiempo que ocupo en la elección del papel apropiado y escribir el hechizo, ya que a todo momento pienso en mi petición.

Altar

Necesitará un altar donde podrá colocar los diversos objetos que son usados en un hechizo. Algunas personas tienen un altar especial, pero esto no es esencial. Una parte de la mesa de la cocina sirve para su propósito. Yo soy afortunado de tener un gran tocón de un árbol para usar como mi altar cuando trabajo al aire libre. Cúbralo con una tela del color que prefiera. La mayoría escoge rojo, blanco o negro, pero no hay razón para que no utilice un color diferente. Evite el material sintético. Además de los elementos específicos que son requeridos para su hechizo, también puede poner en el altar cualquier cosa que tenga un significado especial para usted.

Velas

Ya tratamos las velas en el capítulo 7. Es mejor usar velas de cera de abejas o grasa vegetal cuando se desarrolla un hechizo. A veces el color de la vela se elige de acuerdo al día de la semana o el hechizo que se hará. En otras ocasiones, el color puede ser determinado por elección personal o usando numerología o astrología.

Las velas son frecuentemente utilizadas para simbolizar una determinada persona. En estos casos, es útil usar una vela que se relacione con el signo zodiacal de dicha persona.

Aries—rojo
Tauro—azul
Géminis—amarillo
Cáncer—violeta
Leo—naranja
Virgo—azul oscuro
Libra—verde
Escorpión—rojo oscuro
Sagitario—morado
Capricornio—verde oscuro
Acuario—azul vivo
Piscis—verde claro

Herbs

Las hierbas comunes juegan un papel importante en el desarrollo de los hechizos. Muchas personas cultivan sus propias hierbas para este propósito, pero son fácilmente obtenidas frescas o secas en tiendas de alimentos para la salud.

Las hierbas sugeridas son dadas con los hechizos presentados más adelante. Sin embargo, hay innumerables sustitutos que pueden ser usados si se desea, o como una alternativa. Éstos son listados en el apéndice B.

Cristales

Los cristales tienen un rol importante en muchos hechizos. Pueden ser utilizados para simbolizar una persona, o por su poder mágico intrínseco. Ellos absorben nuestros patrones energéticos y los reflejan al universo. Elevan nuestro entendimiento consciente, permitiéndonos alcanzar más de lo que creíamos posible. Pueden aclarar nuestra mente y de este modo hacer que nos enfoquemos en lo que realmente queremos. También pueden eliminar energías negativas. Por consiguiente, usamos cristales para adicionar poder a cualquier hechizo o ritual.

Incienso

El incienso ha sido usado en ceremonias religiosas durante miles de años. Se cree que los dioses disfrutaban el perfume, pero los espíritus malignos lo encontraban doloroso y permanecían alejados. Además, el humo producido ayuda a llevar las peticiones a los dioses.

Depende de usted si usa o no incienso en el desarrollo de su hechizo. Hay cuatro tipos básicos para escoger: desmenuzado, cono, cilindro y palo. El incienso desmenuzado es el más fácil de hacer, pero si va a comprar incienso fabricado comercialmente, consígalo en forma de cilindro o palo, ya que son los que más duran. Puede escoger uno que se relacione específicamente con el tipo de hechizo que piensa desarrollar (ver el apéndice B). También puede usar un incienso particular simplemente porque le atrae.

Procedimiento

Deberá conseguir los elementos requeridos para el hechizo que va a desarrollar. Póngalos en su altar. Encienda la vela y siéntese cómodamente en una posición en que sus ojos estén en línea recta con la llama.

Cierre los ojos y tome diez respiraciones profundas, sosteniendo cada una por unos momentos antes de exhalar lentamente. Relájese lo más que pueda. Cuando se sienta totalmente relajado, abra los ojos y mire a la vela. Piense en el hechizo que va a lanzar. En el ojo de su mente véase desarrollando los diversos pasos del ritual. Visualice las energías saliendo hacia el universo. Finalmente, imagine cómo estará una vez que el hechizo haya tenido éxito. Haga la visualización lo más clara posible. Algunas personas tienen una visión real; otras ven muy poco, pero lo experimentan de otras formas. Siempre que pueda imaginar un resultado exitoso, estará visualizando correctamente. No importa cómo lo sienta, siempre y cuando perciba el éxito en su cuerpo.

Ahora es el momento de desarrollar el hechizo que ha escogido. Una vez que el trabajo sea terminado, siéntese y visualícese disfrutando el exitoso resultado de su hechizo. Visualice esto todo el tiempo que pueda antes de continuar con su vida.

Imagine el maravilloso resultado cada vez que tenga momentos libres. Experimentará duda y negatividad en ocasiones, pero cuando se dé cuenta que está pensando de esta forma, cambie sus pensamientos y hágalos positivos. Después de todo, el universo quiere que usted obtenga lo que desea. Su hechizo tendrá éxito siempre que esté en sus mejores intereses.

Los hechizos descritos en este libro son ejemplos. Puede usarlos como aparecen, pero tendrá mejores resultados si piensa en ellos y hace cambios que personalizarán el hechizo para usted y sus necesidades. Este es especialmente el caso si escribe sus propios pareados, ya que luego estarán imbuidos con su espíritu. Haga los versos con el mayor detalle posible. Mencione fechas y nombres específicos. Para activar el elemento aire, lea los pareados en voz alta.

Cuando soplo las cenizas en las cuatro direcciones cardinales, es más fácil hacerlo dividiendo las cenizas restantes en cuatro montones y colocándolos en la palma de la mano uno a la vez. Además, es preferible usar los dedos o un despabilador para apagar la llama. Algunas personas dicen que nunca se debe soplar una vela mientras se desarrolla un ritual. Sin embargo, cuando esté trabajando al aire libre, encontrará que el viento hace esto todo el tiempo. Si no tiene un despabilador y le disgusta la idea de apagar la vela con sus dedos, simplemente sóplela.

Hechizos para el amor

A lo largo de la historia han habido más hechizos para atraer o conservar un amor que para cualquier otro propósito. Es triste que haya personas viviendo sin amor, o estén en una relación pero no se sienten felices o seguras. Afortunadamente, podemos hacer hechizos para atraer el amor hacia nosotros y mantenerlo vivo.

Hechizo para atraer un amor desconocido

Mejor día: Viernes.
Vela: Rosada.
Hierba: Canela.

Unte los lados de la vela con miel y póngala en el centro del altar. Rocíe la canela alrededor de la vela. Ponga un vaso con agua al lado derecho del altar. Coloque un pequeño plato metálico o cerámico frente a la vela.

Encienda la vela, relájese y medite. Piense en las cualidades que desea en su amante. Escriba lo siguiente en un papel:

"He estado solo demasiado tiempo.
Por favor, guía a un amante hacia mí".

Lea el hechizo en voz alta y luego queme la hoja en la llama. Una vez que esté ardiendo completamente, póngala en el plato frente a la vela. Véala quemarse y diga el verso en voz alta cinco veces más. Luego, piense en su propósito de hacer el hechizo mientras observa arder la vela.

Recoja el recipiente que contiene las cenizas. Deje caer un poco en el vaso con agua. Suavemente sople las cenizas restantes en cada una de las cuatro direcciones cardinales.

Finalmente, beba el vaso de agua que contiene ceniza y apague la vela.

Hechizo para atraer una persona determinada

Mejor día: Viernes.

Vela: Rosada, o del color que se relacione con el signo zodiacal de la otra persona.

Hierba: Canela.

Debe ser cuidadoso con este hechizo. Está deseando que una determinada persona se convierta en su amante, pero necesita estar seguro de que ella siente lo mismo por usted. Usar este hechizo en alguien que no lo desea es un trabajo de magia negra.

Unte miel alrededor de la vela, y rocíe azúcar y canela sobre ella. Póngala en el centro del altar. Coloque un vaso con agua en el lado derecho del altar, y un pequeño plato metálico o cerámico frente a la vela.

Al lado izquierdo del altar ponga algo que pertenezca a la persona que desea atraer. Podría ser un artículo de tela o un objeto que ella haya cogido recientemente. También sirve una fotografía del ser amado o puede hacer un dibujo que represente la persona. Cabellos tomados del cepillo para el pelo o trozos de uñas también funcionan.

Encienda la vela y piense en sus razones para desarrollar este hechizo. Escriba lo siguiente:

"Amo a [*nombre de la persona*] con todo mi corazón. Por favor, enciende el amor que sé que él/ella tiene, y trae a [*nombre de la persona*] hacia mí".

Lea el hechizo en voz alta y luego quémelo. Póngalo en el plato. Coloque su mano izquierda sobre el objeto de la persona que desea y diga los versos en voz alta cinco veces.

Mire fijamente la llama y piense en su futuro con esta persona. Bese el objeto, y luego ponga una pequeña cantidad de las cenizas en un vaso con agua. Sople la ceniza restante en cada una de las cuatro direcciones cardinales.

Finalmente, beba el agua y apague la vela.

Hechizo para aumentar la pasión

Mejores días: Viernes y domingo.

Velas: Cinco velas rojas, más una que se relacione con el signo zodiacal de su pareja. Puede inscribir el nombre de su ser amado en esta vela si lo desea.

Hierba: Canela.

Cristal: Cristales rojos, más uno que se relacione con usted y otro asociado a su pareja. Estos cristales son los que están relacionados con sus signos zodiacales o el mes de nacimiento (ver el capítulo 8).

La pasión gradualmente se disipa en muchas relaciones. El siguiente es un hechizo para ayudar a revivirla.

Ordene las cinco velas rojas en un semicírculo en la parte posterior de su altar. Unte de miel la vela que se relaciona con su pareja, y luego rocíe canela sobre ella. Póngala en el centro del altar. Frente a esto coloque un recipiente metálico o cerámico para recibir las cenizas. Al lado derecho del altar ubique un vaso con agua.

Coloque los cristales asociados a usted y su pareja en el frente del altar. Coloque los cristales rojos adicionales en un semicírculo para que con las velas rojas formen un círculo completo.

Encienda las seis velas. Medite y piense en la necesidad de más pasión en su vida. Imagine que usted y su pareja hacen el amor apasionadamente durante horas. Escriba lo siguiente:

"Amor ilimitado es lo que busco.
Por favor, trae de nuevo a nuestras vidas
la pasión y el éxtasis".

Dígalo en voz alta. Encienda el pedazo de papel y póngalo en el recipiente mientras sigue ardiendo.

Mire fijamente la llama de la vela. Visualice cómo su vida está nuevamente llena de pasión.

Complete el ritual colocando parte de las cenizas en un vaso con agua y soplando el resto en las cuatro direcciones cardinales. Beba el agua y apague las velas, comenzando con las rojas y terminando con la que simboliza a su pareja.

Hechizo para liberarse de un amante

Mejor día: Sábado, preferiblemente con
  Luna menguante.
Velas: Una blanca más dos adicionales, para representar las dos personas involucradas. Use los signos
  zodiacales para determinar los colores correctos.
Hierba: Mirto (esta hierba promueve el amor y la paz).
Cristal: Ágata o cristal de cuarzo (para promover
  la curación).

Las relaciones no siempre duran eternamente. Si es el
momento para que una relación termine, no se ganará
nada continuándola. Algunos hechizos causan daño a
la persona que se desea separar. Este hechizo le permitirá liberarse de su amante sin producir un dolor
innecesario.

Ponga las dos velas que lo representan a usted y a
su pareja en el centro del altar. La que representa al
hombre debe estar a su derecha mirando hacia el altar. Coloque un pequeño recipiente metálico o cerámico frente a estas velas para contener las cenizas.
Ubique la vela blanca en una posición central detrás
de las otras dos para crear una forma triangular en la
parte posterior del altar.

Ponga el mirto en el centro de la parte frontal del
altar. Coloque los cristales a ambos lados de éste. Si
está usando sólo un cristal, ubíquelo detrás del mirto
y frente a las velas.

Encienda las velas que lo simbolizan a usted y a su pareja. Medite silenciosamente por un rato y piense en los buenos tiempos que los dos han disfrutado. Escriba lo siguiente:

"(Nombre de la persona) y yo tuvimos buenos tiempos juntos.
Pero el amor se acabó y necesitamos separarnos.
Por favor libéranos".

Ponga fuego sobre el papel, encendiendo un extremo con una de las velas y el otro con la restante. Deje caer el papel ardiendo en el recipiente, mientras repite el verso una y otra vez.

Una vez que el papel se haya hecho cenizas, cierre los ojos, y en su imaginación véase liberando a su pareja. Experimente las sensaciones que tendrá su cuerpo. Cuando se sienta listo, diga en voz alta "adiós".

Apague las dos velas y colóquelas en sus respectivos lados. Coja la vela blanca con ambas manos. Diga en voz alta, "estoy libre, estoy libre".

Encienda esta vela y póngala en el centro del altar. Mire fijamente la llama y visualice la pureza y bondad de la vela blanca entrando a usted, haciéndolo íntegro y libre.

Eche una pizca de cenizas en el vaso con agua, y sople el resto en las cuatro direcciones cardinales. Beba el líquido y finalmente apague la vela.

Hechizo para desalentar una atención indeseada

Mejor día: Sábado. (El domingo también es bueno si la persona indeseada es un hombre, y el lunes puede usarse si se trata de una mujer). La Luna debería ser menguante.

Vela: Una vela pequeña de color azul claro.

Hierbas: Una cucharadita de ají en polvo, una de pimienta negra y una de pimentón.

Fotografía: Una fotografía, caricatura o dibujo de la persona que será desmotivada.

Puede ser difícil que por usted se interese alguien con quien no desea involucrarse. Tal vez ya esté felizmente comprometido en otra relación, o simplemente puede no encontrar atractiva a esta persona. No importa cuál es la razón, sólo quiere que ese ser salga de su vida. Este es un hechizo que le permitirá desalentar dichas intenciones indeseadas sin herir a la otra persona.

Mezcle el ají, la pimienta negra y el pimentón. Cubra la fotografía con aceite en ambos lados, y rocíe sobre ella parte de las hierbas. Envuélvala en periódico o una tela barata de color oscuro. (Una fotografía es ideal para este particular hechizo, pero también puede desarrollarlo dibujando una representación de la persona. Podría ser incluso una figura adhesiva con el nombre de la persona escrito debajo).

Ponga la fotografía envuelta sobre un plato grande y coloque todo esto en el frente de su altar.

Encienda la vela y mire la llama, mientras piensa en su necesidad de estar libre de esta indeseada atención.

Rocíe el resto de las hierbas en un círculo alrededor del plato. Escriba lo siguiente:

"No eres la persona que estoy buscando. Aléjate, para que podamos seguir con nuestras vidas".

Si ha escrito su propio verso, asegúrese de que el nombre de la persona esté incluido en él. Esto adiciona poder al hechizo. Queme el pedazo de papel mientras dice el hechizo en voz alta. Cuando el papel se torne muy caliente para sostenerlo, déjelo caer en el plato que contiene la fotografía. (No querrá prenderle fuego a la fotografía o su envoltura. Esté preparado para sofocar las llamas si es necesario).

Espere hasta que la vela se haya consumido sola, y luego recoja el plato que contiene la fotografía y las cenizas. El plato tiene doble propósito: hace que la foto no profane el altar, y también le evita manipular la foto y su envoltura.

Tire la fotografía con su envoltura en un bote de la basura público. Mientras la arroja diga "adiós" con poca emoción en su voz. Lave bien el plato en agua hirviente antes de usarlo de nuevo.

Hechizos para el éxito

La mayoría de personas quieren ser más exitosas de lo que son. Todos deseamos más amor, dinero, mejor salud, etc. Los siguientes son algunos hechizos para ayudarle a tener un mayor éxito en estas áreas.

Agua de abundancia

Las aguas con propiedades mágicas han sido usadas durante miles de años. Son fáciles de preparar. Ponga algunos cristales de amatista, zafiro o turquesa en una botella. Llénela con agua que haya sido filtrada o hervida. Esto crea una reacción simbiótica. Los cristales dan su energía al agua, que a su vez purifica los cristales.

Beba un vaso de esta agua cada mañana y de nuevo en la noche. Llene la botella con agua adicional cada noche. Mientras bebe, visualice prosperidad y abundancia en todas las áreas de su vida.

Hay un beneficio adicional al preparar agua de abundancia. Los cristales adquieren gran poder y energía. Cargue uno de los cristales a todo momento para atraer más riqueza. Cambie este cristal cada día.

Es útil beber un vaso de agua de abundancia antes de desarrollar cualquiera de los siguientes rituales.

Hechizo para más dinero

Mejor día: Jueves, Luna creciente.
Vela: Verde.
Hierba: Trébol.
Cristal: Zircón.

Inscriba sobre la vela la suma exacta de dinero que desea. Debajo de esta cifra inscriba su nombre. Frote la vela con aceite de oliva y póngala en el centro del altar. Coloque un recipiente metálico o cerámico enfrente de la vela, y un vaso con agua a su derecha. Rocíe el trébol en un círculo alrededor de la vela.

Encienda la vela y mire fijamente la llama, mientras piensa en su necesidad de dinero adicional. Ponga el zircón en la palma de su mano derecha. Apoye el dorso de esta mano sobre la palma de la izquierda. Si no está usando zircón, utilice la moneda más grande que pueda encontrar. Medio dólar funciona bien, pero una moneda extranjera que tenga una circunferencia más grande sería aun mejor. No importa cuál es la denominación de la moneda, ya que su rol es meramente simbólico. Piense en lo que haría con su dinero adicional y cómo cambiaría su vida una vez que lo tenga.

Ponga el zircón (o la moneda) sobre el altar a su derecha. Escriba lo siguiente:

"Ha habido poco dinero.
Por favor, ponlo en mi camino urgentemente".

Si va a escribir su propio verso, incluya la suma exacta de dinero que desea. Por ejemplo, si necesitara diez mil dólares, podría escribir:

"Diez mil dólares es lo que necesito.
Gracias por enviármelo".

Lea el hechizo en voz alta tres veces. Luego quémelo recitando el verso otras tres veces, y finalmente hágalo dos veces mientras observa que se quema la última parte del papel. En total el hechizo es dicho en voz alta ocho veces. (El número ocho se relaciona con dinero en la numerología).

Distribuya las cenizas en el vaso con agua y las cuatro direcciones cardinales, y diga "gracias" en voz alta mientras lo hace. Coja el zircón (o la moneda), tírelo al aire y cójalo de nuevo mientras cae. Esto simboliza la riqueza llegando a usted desde el cielo. Finalmente, beba el agua y apague la vela.

Repita este ritual una vez a la semana hasta que reciba la cantidad de dinero requerida. Puede usar la misma vela cada semana, pero debe ser revestida con aceite antes de ser utilizada.

Hechizo para la prosperidad

Mejor día: Jueves, Luna creciente.
Velas: Dorada, roja, verde y morada, más una
 que se relacione con su signo zodiacal.
Hierba: Albahaca.
Cristal: Turquesa.
También se requiere: un imán en forma de herradura.

La prosperidad llega de muchas formas. Este hechizo
atraerá la prosperidad a usted en todo el sentido de la
palabra.

Ponga las velas en un semicírculo sobre el altar, con
la vela que lo simboliza a usted en el centro. Muy cerca frente a esta vela coloque el imán con los extremos
apuntando hacia ella. Frente a esto ubique un recipiente metálico o cerámico para las cenizas. A la derecha de éste ponga un vaso con agua. Coloque una ra-
mita de albahaca sobre el imán. Finalmente, deje caer
la turquesa en el vaso con agua.

Encienda las velas en orden, comenzando con la
primera a su izquierda. Mientras prende cada una,
diga en voz alta "merezco abundancia". Dígalo con el
mayor entusiasmo posible.

Cuando todas las velas hayan sido encendidas,
siéntese frente a ellas y piense en la abundancia que
desea en su vida. Imagínese viviendo prósperamente.
Vea lo feliz y despreocupado que está.

Cuando se sienta listo, escriba lo siguiente en un pedazo de papel.

"Construyo riqueza y abundancia en cada parte de mi vida.
Estoy bendecido y realizado. Gracias, gracias, gracias".

Queme el papel mientras repite el verso en voz alta. Deje caer el ardiente papel en el recipiente, y piense en lo bendecido que está y en lo rico que se convertirá.

Ponga parte de las cenizas en el vaso con agua, y sople el resto en cada una de las cuatro direcciones cardinales. Apague las velas de izquierda a derecha. Beba el agua. Deje que la turquesa se seque naturalmente.

Cargue el imán y la turquesa al menos una semana, incluso cuando se vaya a duchar. Si no observa cambios en ese tiempo, repita el ritual.

Hechizos para protección

Se dice que las únicas personas que no sufren de estrés están en el cementerio. Por supuesto, algo de tensión es favorable, ya que nos motiva a hacer las cosas. Este tipo de estrés es conocido como *eu-stress*. El estrés malo se conoce como *dis-estress*, y puede ser producido de muchas formas. Las relaciones difíciles o la falta de una relación, escasez de dinero, situaciones abusivas, desempleo, ataques psíquicos, e incluso alguien cerrándonos en la autopista, contribuyen al estrés malo.

Podemos protegernos de los efectos de este estrés perjudicial y otras situaciones negativas, creando un hechizo de protección.

Hechizo de protección

Mejor día: Martes.
Vela: Roja (también puede ser usada una vela
   blanca o una que simbolice su signo zodiacal).
Hierbas: Anémona, angélica, borraja, eneldo,
   perejil, salvia y tomillo.
Cristal: Amatista o jade.

Inscriba sobre la vela las palabras "estoy protegido",
seguidas por su firma. Muela y mezcle las siete hierbas
y consérvelas en un recipiente cerrado.

Cuando esté listo, ponga la vela en el centro de su
altar. Frente a ella ubique un recipiente cerámico o
metálico para contener el papel ardiendo. A la derecha de esto coloque un vaso con agua. En la misma
posición al lado izquierdo del altar, ponga el cristal.

Rocíe la mezcla herbal en un círculo alrededor del
altar y asegúrese de que rodee la vela, el recipiente, el
agua y el cristal. Haga un círculo más grande rocian-
do hierbas alrededor del altar y el área donde usted
se sentará.

Siéntese dentro de este círculo y encienda la vela.
Mire fijamente la llama y piense en los cambios que
ocurrirán en su vida cuando se sienta totalmente
protegido. Visualícese rodeado por un círculo de luz
blanca que penetra todo su cuerpo. Déjese invadir
por la agradable sensación de relajación.

Cuando esté listo, escriba lo siguiente en una hoja
de papel.

"Estoy rodeado por un escudo de protección. Nada puede hacerme daño. Estoy protegido de todo mal".

Párese y mire hacia el Norte. Repita el verso con voz fuerte. Voltee y mire hacia el Sur y diga de nuevo las mismas palabras. Repita esto hacia el Este y finalmente al Oeste.

Siéntese y préndale fuego al papel, diciendo otra vez las palabras. Ponga el papel ardiendo en el recipiente.

Espere hasta que sólo queden cenizas. Cierre los ojos y dé gracias al universo por protegerlo. Imagínese rodeado por un escudo de luz blanca. Retenga esta imagen todo el tiempo que pueda, y abra los ojos.

Ponga una pizca de las cenizas en el vaso con agua. Párese y sople el resto hacia cada una de las cuatro direcciones. Beba el agua y apague la vela.

Repita este ritual cada vez que lo crea necesario.

Hechizo del talismán protector

Mejores días: Sábado o domingo. La Luna debe ser creciente.

Vela: Naranja.

Hierba: Albahaca.

Cristal: Amatista o jade verde.

Incienso: Es aconsejable para este hechizo. Escoja algo que encuentre agradable.

Podemos adicionar fuerza a un talismán usándolo en un hechizo. Muchos talismanes están diseñados puramente para propósitos de protección, y uno de los más famosos es un cuadrado mágico hecho con letras. Está descrito en la *Key of Solomon*[1] (Clave de Salomón), uno de los antiguos grimoires mágicos, y data de al menos el primer siglo de nuestra era. Ejemplos de cuadrados mágicos fueron encontrados en las ruinas de Pompeya.[2] El siguiente es uno hecho con letras que tienen un mensaje que puede ser traducido aproximadamente como, "Sator, sembrador de la semilla, gira la rueda".

Para prepararse, consiga un pedazo de cartulina negra de aproximadamente cuatro pulgadas cuadradas, y un marcador de tinta dorada. También necesitará seda para envolver el talismán de cartulina después de la ceremonia. Los colores adecuados son negro, rojo, violeta y dorado. Alternativamente puede usar el color que se relacione con su signo zodiacal.

Cuando esté listo, ponga la vela en el centro del altar. Frente a ella coloque un platillo que contenga albahaca molida. Ubique un vaso con agua al lado derecho del altar y el cristal en el izquierdo. Ponga la cartulina justo frente a usted, con el marcador al lado.

Encienda la vela y siéntese en una posición cómoda mirando hacia ella. Piense en su necesidad de protección. Cierre los ojos e imagínese rodeado de pura luz blanca. Retenga esta imagen todo el tiempo que pueda.

Abra los ojos y haga el siguiente cuadrado mágico en la cartulina negra:

```
SATOR
AREPO
TENET
OPERA
ROTAS
```

El cuadrado mágico puede ser leído horizontal y verticalmente, y además hacia atrás y adelante. Hágalo lenta y cuidadosamente, concentrándose en cada movimiento del marcador, mientras piensa en su necesidad de protección.

Cuando haya terminado de hacer el cuadrado mágico, cójalo con su mano derecha y páselo ocho veces a través del humo de la vela o el incienso. Recite las palabras del cuadrado mientras hace esto.

Reemplace el cuadrado mágico sobre el altar y ponga el cristal. Diga lo siguiente:

"Este encanto está diseñado para ayudarme en cada área de mi vida.
Con su protección, estoy protegido del mal".

Cierre los ojos y piense en lo mejor que será su vida ahora que está protegido. Cuando esté listo, ábralos y sostenga el cuadrado mágico en su mano izquierda. Meta los dedos en el vaso con agua y deje caer unas cuantas gotas sobre el cuadrado. Beba el agua y envuelva el cuadrado mágico en el pedazo de seda, mientras dice en voz alta "gracias".

Este cuadrado mágico ahora es un poderoso talismán protector. Ha sido consagrado por los elementos fuego, tierra, aire y agua, y está listo para servirle todo el tiempo que lo necesite. Llévelo consigo a donde vaya. Cada vez que lo vea, dele las gracias en silencio por la protección que está suministrando.

Hechizos para el trabajo

La mayoría de nosotros pasa mucho tiempo en el trabajo. Podemos usar hechizos para encontrar empleo y hacer más agradable nuestro ambiente laboral. Podemos lanzar hechizos para ayudarnos a estar mejor con las personas con quienes trabajamos, y para hacernos más productivos.

Hechizo para encontrar trabajo

Mejor día: Jueves, con Luna creciente.
El miércoles también sirve.
Velas: Se requieren tres: naranja, morada, y una
que lo simbolice. Si está buscando su primer
trabajo pagado, escoja una vela blanca para
que lo represente. De otra manera, utilice una
relacionada con su signo zodiacal.
Hierba: Camomila o trébol.
Cristal: Cuarzo claro o amatista.

Ponga las tres velas en un semicírculo en la parte trasera de su altar. La vela que lo simboliza debe estar en el centro. Coloque un vaso con agua a su derecha y el cristal a su izquierda. Ubique un recipiente metálico o cerámico para las cenizas justo frente a la vela que lo representa. Ponga las hierbas en un círculo que abarque todo en su altar.

Encienda las velas mientras silenciosamente da gracias por todas las bendiciones que ya tiene. Ponga las manos sobre sus muslos, con las palmas hacia arriba. Cierre los ojos y medite durante un rato. Piense en su necesidad de encontrar trabajo. Elija el puesto específico que le gustaría tener, y visualícese haciéndolo. Sea lo más preciso posible. Si tiene en mente una empresa en particular, imagínese laborando ahí.

Escriba lo siguiente en un pedazo de papel.

"Necesito un empleo, pero no cualquier empleo.
Por favor, encuentra el trabajo apropiado para mí".

Lea las palabras en voz alta tres veces. Luego queme el papel, prendiéndolo con la vela que lo simboliza a usted. Eche las cenizas en el recipiente. Espere hasta que el fuego se haya apagado, y luego cierre los ojos y dé gracias al universo por guiarlo hacia la posición que desea.

Abra los ojos. Rocíe cenizas en el agua, y sople el resto en cada una de las cuatro direcciones.

Apague las velas en el siguiente orden: naranja, morada y finalmente la suya.

Repita el ritual una vez a la semana hasta que el puesto le sea ofrecido.

Hechizo para hacer más agradable el trabajo

Mejores días: Miércoles o jueves.

Hierba: Tres hojas de limero (un sustituto efectivo son las hojas de limonero).

Cristal: Un cristal de color oscuro.

También se requiere: una campanilla y un par de onzas de tierra.

Idealmente, este hechizo debe ser desarrollado lo más cerca posible a su área de trabajo. Si trabaja en un escritorio, úselo como altar. Si labora en una fábrica, tal vez deba improvisar. Una caja al revés o una silla pueden funcionar como altares temporales.

Es posible conducir este ritual con otra persona, pero es mejor hacerlo solo. Obviamente, sus condiciones de trabajo dictaminan si esto es posible o no.

Esconda las hojas en su área de trabajo. Podría poner una debajo de una planta de maceta, otra en un cajón, y la tercera debajo de una alfombra. No importa dónde las oculte, siempre y cuando estén fuera de la vista. Tome la tierra y riéguela bajo su escritorio o en el área donde trabaja. Escriba lo siguiente:

"Mi trabajo está más divertido que nunca antes. Estoy mejorando cada día".

Póngalo en su escritorio. Coja el cristal con la mano izquierda y la campanilla con la derecha. Toque la campanilla una vez, y recite las palabras en voz alta. Puede decirlas en voz muy baja si es necesario.

Doble el pedazo de papel en cuartos y cárguelo durante diez días. En el décimo día, quémelo donde quiera que esté. Repita las palabras mientras el papel se hace cenizas. Sople éstas en cada dirección cardinal.

Hechizo para ascenso

Mejor día: Jueves.
Vela: Verde.
Hierba: Trébol.
Cristal: Uno que se relacione con su signo zodiacal
(ver el capítulo 8).

Inscriba palabras sobre la vela que se relacionen con su deseo de ascenso. Si tiene en mente un cargo específico, inscríbalo. Alternativamente, inscriba "estoy progresando". También firme su nombre en la vela.

Cuando esté listo para empezar, ponga la vela en el centro del altar. Rocíe hojas de trébol alrededor de ella. Al frente coloque un recipiente metálico o cerámico para las cenizas. Encienda la vela y siéntese cómodamente frente a ella. Sostenga el cristal en su palma derecha. Ponga el dorso de esta mano sobre la palma izquierda.

Cierre los ojos y piense en su trabajo y el deseo de un ascenso. Piense en las cosas que hará en el trabajo para asegurar que el ascenso se haga realidad.

Abra los ojos, ponga el cristal al lado izquierdo del altar, y escriba lo siguiente:

"Estoy trabajando duro para lograr éxito.
Estoy motivado, entusiasmado y listo para
nuevos desafíos".

Lea las palabras en voz alta. Llene su mente con pensamientos de su progreso, y luego queme el papel. Deje caer el ardiente papel en el recipiente para cenizas y repita las palabras varias veces mientras se quema.

Cuando cesen las llamas, cierre los ojos y dé gracias al universo por darle talento y habilidad para progresar en la carrera que eligió.

Lama la yema de su dedo índice derecho y métala ligeramente en el recipiente de cenizas. Frote ceniza en el centro de su palma izquierda. Repita con su índice izquierdo. Frote las palmas entre sí y diga el verso en voz alta una vez más.

Tome el resto de las cenizas y sóplelas en cada una de las cuatro direcciones cardinales.

Repita el ritual una vez a la semana durante el período de tiempo que sea necesario.

Hechizos para cada día de la semana

Encontrará que desarrollar hechizos es estimulante y emocionante. También puede ser muy adictivo, y usted puede desear hacerlos todos los días de la semana. Si hace esto, escoja algo que beneficie a los demás. Podría desarrollar hechizos por la paz mundial o para ayudar a personas oprimidas en diferentes partes del planeta. Una amiga mía hace hechizos regularmente

211

para ayudar a salvar ballenas. También ha desarrollado algunos para ayudar a conservar los bosques. No importa cuál es su objetivo, siempre y cuando esté diseñado para apoyar otras cosas vivas.

El formato básico es el mismo todos los días. Sin embargo, el color de la vela depende del día de la semana.

> Domingo—dorado
> Lunes—plateado
> Martes—rojo
> Miércoles—amarillo
> Jueves—verde
> Viernes—rosado
> Sábado—azul oscuro

Coloque la vela en el centro del altar. Ubique un recipiente metálico o cerámico frente a ella para contener las cenizas. A su izquierda coloque un cristal que se relacione con su signo zodiacal (ver capítulo 8). A su lado derecho ponga un vaso con agua. Encienda la vela y medite sus razones para desarrollar el hechizo.

Hay un cuadrado mágico diferente para cada día de la semana (ver figura 8.2). Construya el cuadrado correcto lentamente y piense en su hechizo mientras lo hace.

Cuando esté terminado, sosténgalo a lo alto en el aire y pida al universo que lo ayude a alcanzar sus objetivos. Espere hasta tener una sensación de paz y calma en el cuerpo. Préndale fuego al cuadrado mágico y póngalo en el recipiente para cenizas.

Medite silenciosamente. Transmita sus sentimientos de amor y preocupación. Visualícelos rodeando el altar y luego esparciéndose hasta abarcar todo el mundo.

Párese. Ponga una pizca de cenizas en el agua. Mire hacia el Norte y beba aproximadamente un cuarto del agua. Repita con el Sur, Este y Oeste. Por último, sople las cenizas en cada una de las cuatro direcciones.

Usted puede desarrollar hechizos para cualquier propósito. Esta es una actividad personal, por lo tanto debería hacerla de una forma en que se sienta cómodo. Una amiga mía siempre dice el salmo 23 en voz alta, antes y después de cada uno de sus hechizos. Ella lo considera apropiado, y por consiguiente juega un papel importante en todos sus rituales. Muchas personas dicen un mantra mientras lanzan hechizos. He visto a muchos repetir un canto una y otra vez, aumentando gradualmente en intensidad y volumen a medida que avanza el hechizo. Otros prefieren paz y silencio, y hablan en voz alta sólo cuando es necesario. Por otro lado, un antiguo vecino mío siempre conducía sus rituales con música heavy metal de fondo. Esto no lo siento apropiado para mí, pero era perfecto para él.

Algunas personas hacen hechizos de manera fría y sin emoción. Otras son vencidas por la emoción y desfogan sus sentimientos de amor y preocupación. De nuevo, no hay una forma correcta o equivocada. Exprese sus emociones cuando sienta que debe hacerlo, y si lo desea manténgalas ocultas.

Sus rituales pueden ser tan cortos o largos como usted quiera. El mejor momento para detenerse es cuando sienta que ha visualizado exitosamente el resultado, y pueda percibir una sensación de "seguridad" interior de que el hechizo va a funcionar. Algunos prefieren los hechizos largos. Otros optan por los más cortos. Esto depende completamente de la persona.

Usted puede desarrollar hechizos con otras personas si lo desea. Naturalmente, todos deben tener el mismo objetivo en mente. Los resultados que pueden ser obtenidos con hechizos en grupo son increíbles.

Lo más importante en el desarrollo de hechizos es permanecer constantemente conscientes del propósito al conducir el ritual. Esto es esencial para resultados positivos. He visto personas que se introducen tanto en el drama y la teatralidad de sus rituales, que olvidan completamente por qué los están haciendo. Obviamente, no logran los resultados que esperaban.

Como en todo lo demás, se requiere de práctica. Con el tiempo, los hechizos desarrollan un ritmo propio, y usted se encontrará totalmente relajado tan pronto como empiece. También derivará gran placer y satisfacción mientras sus hechizos le construyen la vida que desea y merece.

Conclusión

La pluma es más poderosa que la espada.

EDWARD BULWER-LYTTON (1803–1873)

En estos momentos ya habrá reconocido los enormes beneficios que puede traer a su vida el escribir su propia magia. He visto muchas personas, incluyéndome a mí, transformar sus vidas como resultado de seguir los procedimientos de este libro.

Ahora depende de usted. Estudie y aprenda todo lo que pueda sobre magia. Empiece con objetivos pequeños. Observe lo que sucede. Una vez que haya tenido éxito con estas metas menores, avance a propósitos mayores.

Sin embargo, recuerde que escribir su propia magia no significa que todo sucederá de milagro. No puede confiar completamente en la magia. Debe poner también de su parte. Entre más trabaje, "más afortunado será". Combine escribir su magia con trabajo arduo, y se asombrará de los resultados.

Finalmente, hágalo. Nada ocurrirá a menos que decida lo que quiere, lo ponga por escrito y envíe al universo, además de magnetizarse a sí mismo. En este libro está todo lo que necesita saber para escribir magia a pequeña y gran escala. Tal vez desee lanzar un hechizo para hacer un nuevo amigo, o crear un ritual que cambiará el mundo. Decídase a hacerlo y luego escriba su propia magia. Le deseo grandes éxitos.

Apéndice A

Relajación progresiva sugerida

Use esta relajación progresiva sólo si se le dificulta relajarse. Con la práctica, no necesitará usar un cassette de relajación. Sin embargo, al igual que yo, puede utilizar uno de vez en cuando simplemente para variar.

Siéntase libre de cambiar estas palabras de tal forma que le fluyan fácilmente cuando las diga en voz alta. Lea el guión minutos antes de grabarlo. Grabe el cassette de manera agradable y relajada. Debe hablar un poco más lento que lo usual y dejar pausas ligeramente más largas entre frases. El siguiente guión dura aproximadamente seis minutos.

Tome una respiración profunda y cierre los ojos mientras exhala. Permita que la ola de placentera relajación fluya por su cuerpo. Cada respiración que toma lo relaja aun más. Es tan agradable relajarse, sin ninguna preocupación en el mundo. Nada lo molesta o interrumpe, sólo sienta esta placentera relajación penetrando cada poro de su cuerpo.

Cada respiración que toma lo deja más relajado, más y más relajado. Ahora tome tres respiraciones profundas reteniéndolas por un momento antes de exhalar. Uno, respire. Sienta ese maravilloso oxígeno entrando a sus pulmones. Reténgalo por un momento y luego exhale lentamente. Eso está bien. Respiraciones agradables y profundas. Dos, respire. Y mientras exhala sienta la relajación en su cuerpo. Tres, respire. Sostenga la respiración y luego exhale lentamente.

Se está relajando más y más con cada respiración que toma. Ahora sienta la relajación fluyendo hacia los dedos gordos de sus pies. Ellos pueden incluso sentir hormigueo mientras experimentan esa agradable relajación. Permita que esa sensación relajante penetre a todos los dedos de sus pies. Eso está bien, muy, muy bien. Deje que su relajación fluya por su pie derecho hasta los tobillos. Cuando sienta que esto ocurre, permita que la misma relajación fluya en su pie izquierdo.

Permita que pase por sus tobillos y luego por las pantorrillas y rodillas. Relájese más y más con cada respiración. Deje que la relajación fluya en sus muslos y luego hasta su abdomen.

Haga una pausa y concéntrese más en su respiración. Observe que está respirando lenta y uniformemente y dese cuenta que cada respiración le permite relajarse más.

La mitad inferior de su cuerpo está ahora completamente relajada. Deje que la sensación de relajación fluya ahora hacia su pecho y luego a sus hombros. Permita que llegue a los brazos, relajando más y más, hasta alcanzar las yemas de los dedos.

Y ahora, deje que los músculos de su cuello se relajen. Luego permita que la relajación fluya hacia su cara, ojos y coronilla.

Ahora está relajado completamente, desde la coronilla hasta las yemas de los dedos de sus pies. Es una sensación maravillosa y placentera. Pero puede profundizar más en este estado de tranquilidad y paz.

Ahora imagínese parado sobre un balcón observando un hermoso jardín lleno de flores maravillosas, multicolores y de dulce olor. En la distancia hay colinas cubiertas por árboles y el agradable aroma del pino llega delicadamente a usted. El cielo es un vibrante azul, y un par de vellosas nubes están cabriolando felizmente en el calor de un bello día. Usted puede ver pájaros en lo alto del firmamento. Sus alegres sonidos producidos mientras se llaman entre sí traen recuerdos felices de relajantes vacaciones en el pasado.

Hay una escalera que va del balcón hacia el jardín. Usted siente un fuerte deseo de bajar por ella y caminar entre las flores. Coloca su mano en la barandilla y observa hacia abajo la escalera. Hay diez peldaños de madera que parecen haber sido hechos por un talentoso artesano. La fibra de la madera crea hermosos patrones de textura sobre los escalones.

Mientras cuenta de diez a uno duplique su relajación con cada paso que dé, de tal forma que cuando llegue al césped recientemente cortado, esté absoluta y completamente relajado en cada músculo y fibra de su ser.

Diez— duplique su relajación mientras da el primer paso.

Nueve— duplique su relajación de nuevo.

Ocho— introduciendo la relajación cada vez más profundo.

Siete— tan calmado, tal relajado, y tan pacífico.

Seis— duplique su relajación de nuevo.

Cinco— ahora está a medio camino. Sienta esa relajación en cada fibra de su ser.

Cuatro— más profundo, más profundo, y aun más profundo.

Tres— oliendo las flores ahora mientras duplica su relajación nuevamente.

Dos, y uno.

Cuando pise el hermoso césped y observe a su alrededor, se siente como si la hierba estuviera removiendo las últimas trazas de tensión de cada parte de su cuerpo. Usted camina hacia una confortable silla y se sienta, gozando de la belleza y tranquilidad de la escena. Ahora está más relajado que nunca antes, y cada respiración que toma continúa llevándolo más profundo, y más profundo, y más profundo.

Tal calmado, tan pacífico, y tan, relajado.

Si se siente completamente relajado al momento de sentarse en una silla, está listo para continuar el ritual.

Si aún siente tensión en alguna parte del cuerpo, simplemente continúe con el ejercicio de relajación un rato más. Levántese de la silla, camine a través del césped recientemente cortado, y encuentre otra escalera que lo conduzca a otro nivel más profundo de este maravilloso jardín. Cuente de diez a uno nuevamente mientras desciende estos peldaños y encuentre un agradable sitio bajo el Sol donde se sentará y disfrutará la tranquilidad de la escena.

Tal vez necesite hacer esto varias veces cuando comience a experimentar. Sin embargo, con la práctica, se le hará cada vez más fácil y podrá reducir considerablemente esta etapa de relajación.

No se preocupe si la relajación toma más tiempo que el estimado. Todos somos diferentes y para algunos es más fácil que para otros. La habilidad de relajarse también puede variar día a día, dependiendo de qué tan difícil o fácil ha sido la rutina diaria. Simplemente utilice el tiempo necesario y disfrute el proceso.

Apéndice B

Hierbas para diferentes propósitos*

Hierbas para el Amor

Abrótano	Bergamoto
Agripalma	Cabello de Venus
Albahaca	Caléndula
Alcaravea	Canela
Almendro	Casia
Amapola	Cerezo
Angélica	Cilantro
Anís	Clavos
Balsamea	Dragoncillo

---

* Nota: Algunas de estas hierbas pueden ser dañinas o fatales si son ingeridas.

Enebro común 🖐️

Eneldo

Enredadera

Fresa

Ginseng

Girasol

Hierba gatera

Jazmín

Jengibre de hinojo

Lavanda

Lila

Llantén 🖐️

Luisa

Madreselva

Mejorana

Menta piperita 🖐️

Menta verde 🖐️

Milenrama 🖐️

Mirística

Mirto

Mostaza

Muérdago 🖐️

Naranjo

Orégano

Pimienta

Primavera

Quinquefolio

Romero

Rosa

Salvia

Sauce

Saúco

Tomillo 🖐️

Toronjil

Valeriana

Verbena

Violeta

Vistaria

Hierbas para aumentar el deseo sexual

Ajenjo 🖐️

Ajo

Albahaca

Alcaravea

Almendro

Almizcle

Anís

Apio

Bergamoto

Cabello de Venus

🖐️Tocarlas en su estado natural pueden causar dermatitis.

Cálamo

Canela

Casia

Cebolla

Clavos

Culantro

Cúrcuma

Damiana

Dragoncillo

Enebro común 🖐

Jazmín

Jengibre/Ginseng

Laurel

Lavanda

Ligústico

Mandrágora 🖐

Menta piperita 🖐

Menta verde 🖐

Mirística

Mirto

Mostaza

Orquídea

Ortiga 🖐

Perejil

Quinquefolio

Romero

Rosa

Salvia

Verbena

Violeta

Zarzaparrilla

Hierbas para la felicidad y el bienestar

Albahaca

Borraja

Díctamo

Jazmín

Toronjil

Luisa

Caléndula

Mejorana

Agripalma

Mirto

Mirra

Naranjo

Orégano

Perejil

Menta piperita 🖐

Romero

Menta verde 🖐

Valeriana

Hierbas que aumentan la percepción psíquica

Acebo

Ajenjo ✋

Ajo

Alazor

Albahaca

Altea

Amapola

Anís

Artemisa ✋

Caléndula

Canela

Casia

Cebolla

Cedro

Clavos

Culantro

Díctamo

Fresa

Girasol

Hibisco

Hierba de limón

Laurel

Lavanda

Lila

Madreselva

Milenrama ✋

Mirística

Olíbano

Perejil

Quinquefolio

Rosa

Salvia

Sándalo

Sauce

Saúco

Tomillo ✋

Hierbas para eliminar negatividad

Acebo

Ajo

Albahaca

Anís

Artemisa ✋

Asafétida

Asperilla

Canela

Casia

Cebolla

Cedro

Eneldo

Eucalipto	Olíbano
Geranio	Retama
Geranio de rosa	Rosa
Jalapa	Ruda 🖐
Laurel	Salvia
Lavanda	Sándalo
Menta piperita 🖐	Sauce
Menta verde 🖐	Saúco
Milenrama 🖐	Tomillo 🖐
Mirra	Valeriana
Muérdago 🖐	Verbena

Hierbas que ayudan a conseguir un ascenso en el trabajo

Ajo	Hierba de San Juan 🖐
Alazor	Hierba gatera
Albahaca	Hinojo
Amapola	Jalapa
Borraja	Lirio de Florencia
Caléndula	Meliloto
Cebolla	Mentol
Civeto	Mostaza
Cúrcuma	Olmo norteamericano
Dragoncillo	Saúco
Espicanardo	Trébol
Estoraque	Yohimbé
Girasol	

Hierbas para la confianza

Ajo

Borraja

Cúrcuma

Dragoncillo

Geranio

Geranio de rosa

Hierba de San Juan ✋

Hinojo

Mostaza

Romero

Tomillo ✋

Hierbas para alcanzar objetivos

Acacia

Alcaravea

Alheña

Áloe

Amapola

Angélica

Anís

Cerezo

Culantro

Enebro común ✋

Eneldo

Fresa

Ginseng

Girasol

Granado

Hinojo

Llantén ✋

Macia

Mirística

Muérdago ✋

Pepino

Pimienta

Trébol

Vaccinio

Hierbas para la prosperidad

Acacia

Ajo

Albahaca

Almendro

Anís

Arrayán

Caléndula
Camomila
Canela
Casia
Consuelda
Gaulteria
Ginseng
Girasol
Lavanda
Madreselva

Menta piperita 🖐
Menta verde 🖐
Mirística
Mirto
Musgo irlandés
Naranjo
Quinquefolio
Sello de Salomón
Tomillo
Trébol

Hierbas para la suerte

Agrimonia
Anís
Caléndula
Camomila
Canela
Casia
Diente de león 🖐
Gaulteria 🖐
Girasol
Hierba de San Juan 🖐
Laurel
Lavanda
Macia
Madreselva

Menta piperita 🖐
Menta verde 🖐
Milenrama 🖐
Mirística
Mirra
Muérdago 🖐
Naranjo
Olíbano
Romero
Rosa
Sándalo
Sello de Salomón
Trébol
Violeta

Hierbas para cooperación y armonía

Acacia
Agripalma
Albahaca
Altea
Amapola
Cálamo
Camomila
Canela
Hibisco
Hierba gatera

Lavanda
Lila
Luisa
Mejorana
Orégano
Primavera
Rosa
Salvia
Violeta

Hierbas para protección

Abeto del Norte 🖐
Acacia
Agrimonia
Ajenjo 🖐
Ajo
Albahaca
Alcaravea
Angélica
Anís
Artemisa 🖐
Asafétida
Asperilla
Balsamea
Bergamoto
Caléndula

Canela
Casia
Cicuta
Clavos
Consuelda
Cornejo
Dragoncillo
Enebro común 🖐
Eneldo
Enredadera
Estoraque
Eucalipto
Geranio
Geranio de rosa
Girasol

Hierba de San Juan ✋
Hinojo
Hisopo
Laurel
Lavanda
Luisa
Mandrágora ✋
Mejorana
Menta piperita ✋
Menta verde ✋
Mirística
Mirra
Mostaza
Muérdago ✋
Musgo irlandés
Olíbano
Olmo norteamericano

Pino
Poleo ✋
Primavera
Quinquefolio
Retama
Roble
Romero
Salvia
Sándalo
Saúco
Tejo
Tomillo ✋
Trébol
Verbena
Vistaria
Zarzaparrilla

Apéndice C

Alfabetos mágicos

Tebeo

A	B	C	D	E	F	G	H	I	J	K

L	M	N	O	P	Q	R	S	T	U	V

W	X	Y	Z	&

Etrusco

A	B	C	D	E	F	G	H	I	J	K

L	M	N	O	P	Q	R	S	T	U	V

W	X	Y	Z	CH	IL

Templario

A	B	C	D	E	F	G	H	I	J	K

L	M	N	O	P	Q	R	S	T	U	V

W	X	Y	Z

Notas

Introducción

1. *The New Encyclopaedia Britannica Macropaedia Knowledge in Depth*, 15th ed., s. v. "writing, forms of."
2. Wu de Hsia fue el primero de los cinco emperadores míticos de la China. A cada uno de estos emperadores se le atribuye el invento de algo. Además de la escritura, a Wu se le acredita el invento del feng shui, el I Ching, la astrología y la numerología. Ver Webster, *Feng Shui for Beginners*, 189.
3. Webster, *Omens, Oghams and Oracles*, 60.
4. Gordon, *Take My Word for It*, 89.
5. Jacq, *Magic and Mystery*, 71–72.
6. Webster, *Omens, Oghams and Oracles*, 60–61.

7. Los egipcios también usaban la escritura hierática, que era practicada por los sacerdotes, y la escritura demótica, utilizada por personas educadas.

8. Anónimo, *The Encyclopedia of Occult Sciences*, 306.

9. De acuerdo a *The New Encyclopaedia Britannica Macropaedia Knowledge in Depth*, 15th ed., s. v. "prayer," hay evidencia que indica que las ruedas de oración fueron usadas por los antiguos japoneses, celtas, griegos y egipcios.

10. Morris, "Spiritual Schism," sec. E, p. 2. Hay dos pretendientes al 17vo Karmapa Lama (Urgyen Thinley y Thaye Dorje), y ambos tienen muchos partidarios. Por consiguiente, quienes apoyan a Thaye Dorje afirman que la carta encontrada dentro del amuleto es una falsificación. Ver Scott Clark y Levy, "Feud of the Gods of Shangri-La," 22–29.

11. Terzani, *A Fortune-Teller Told Me*, 65–66.

Capítulo 1

1. Palmer, *Travels through Sacred China*, 11.

2. Cott y El Zeini, *The Search for Omm Sety*, 81. *Omm Sety* (árabe para "madre de Seti") fue el nombre tomado por Dorothy Eady, una inglesa que pasó la mayor parte de su vida en Egipto.

3. Jacq, *Magic and Mystery*, 62.

4. Regula, *The Mysteries of Isis*, 80.

5. Singer and Singer, *Divine Magic*, 62.
6. Crow, *Alchemy*, 73.
7. Jaffé, "Symbolism in the Visual Arts," 246.

Capítulo 4

1. Webster, *Spirit Guides and Angel Guardians*, 10.
2. Salmo 91:11, versión de King James.
3. Mateo 18:10, versión de King James.
4. Jung, *Memories, Dreams, Reflections*, 302.

Capítulo 6

1. Spence, *An Encyclopaedia of Occultism*, 258.
2. Hodson, *Hidden Wisdom*, 1:23.
3. Citado en Blavatsky, *The Secret Doctrine*, 5:169.
4. Williamson, *Times and Teachings*, 23.
5. Crowley, *Magick Liber ABA*, 126.
6. Greer, *Women*, 64.

Capítulo 7

1. Webster, *Omens, Oghams and Oracles*, 39–41.
2. Webster, *Numerology Magic*, 2.
3. Gonda, "The Indian Mantra," 249.
4. Ver también Éxodo 13:21 y 19:18, Deuteronomio 4:12, 2 Samuel 22:13, Isaías 6:4, Ezequiel 1:4, Daniel 7:10, Malaquías 3:2, Mateo 3:11, y Revelación 1:14 y 4:5.
5. Cave, *Chinese Paper Offerings*, 62.

6. La adoración al dios del hogar se remonta al menos al año 133 a. de C. Su imagen es pegada cerca a la cocina. Su principal tarea es determinar la duración de la vida de quienes viven en la casa. Es responsable de la riqueza o pobreza, y registra todas las cosas buenas y malas que los miembros de la familia han hecho durante el año. En el día veintitrés del duodécimo mes, se le colocan alimentos de sacrificio, y cada miembro de la familia se postra frente a él. Luego son prendidos fuegos artificiales para repeler espíritus malignos. Cuando se acaba la ceremonia, la imagen es despedazada y quemada, junto con papel moneda y peticiones de la familia. Una nueva imagen del dios del hogar es pegada después de año nuevo, y al frente se le coloca una ofrenda de verduras para asegurar su benevolencia durante los siguientes doce meses.

7. Tradicionalmente, el festival del farol era un tiempo en el que las personas ricas decoraban sus casas con faroles de papel rojo, y a las mujeres solteras se les permitía salir a conocer hombres jóvenes.

8. Webster, *Feng Shui for Beginners*, 8–9.

9. Williams, *Outlines*, 208.

10. Hay muchos alfabetos mágicos que pueden ser usados, la mayoría datan de la época del Renacimiento. El tebeo, posiblemente el alfabeto mágico comúnmente usado en la actualidad, pertenece a

este período. La fascinante historia de estos alfabetos puede ser encontrada en *The Secret Lore of Runes and Other Ancient Alphabets* de Nigel Pennick.

11. Webster, *Numerology Magic*, 59–64.
12. Crowther, *Lid off the Cauldron*, 55.

Capítulo 8

1. Anónimo, *The Encyclopedia of Occult Sciences*, 317. El bezoar es una sustancia producida en el estómago y los intestinos de rumiantes. Se cree que es un antídoto contra el veneno.
2. Harris, *The Good Luck Book*, vi.
3. Day, *Occult Illustrated Dictionary*, 129.
4. Deuteronomio 6:9, versión de King James.
5. Isaías 3:21, versión de King James.
6. Fernie, *Occult*, 105–106.
7. Barrett, *The Magus*, 95.
8. Se han compilado varias listas para indicar las doce piedras en el pectoral del sumo sacerdote (Éxodo 28:17–30). Se cree que han sido las siguientes: cornalina, crisólito, esmeralda, rubí, lapislázuli, ónix, zafiro, ágata, amatista, topacio, berilo y jaspe.

   Igualmente, los cimientos de la ciudad celestial (Revelación 21:10–30) contenían: jaspe, zafiro, calcedonia, esmeralda, sardónice, sardio, crisólito, berilo, topacio, crisopraso, jacinto y amatista.
9. Kunz, *Curious Lore*, 307.
10. Webster, *Numerology Magic*, 152.

11. Day, *Occult Illustrated Dictionary*, 3.
12. El nueve siempre ha sido considerado un número poderoso. Es el más alto dígito, y es la suma de tres, que también es considerado un número particularmente mágico. Si usted suma el resultado de cualquier número multiplicado por nueve y lo convierte en un sólo dígito, siempre se obtendrá un nueve. (Por ejemplo: 9 x 12 = 108, y 1 + 0 + 8 = 9). Por esta razón muchos amuletos poderosos contienen nueve piedras. Para más información vea *Numerology Magic* de Richard Webster.
13. Harris, *The Good Luck Book*, 141–42.
14. Gonzaléz-Wippler, *Complete Book*, 153.
15. Allemann, *History of the Chinese Peoples*, 49.
16. Eberhard, *A Dictionary of Chinese Symbols*, 17.
17. Jia-fong, "Fu," 12.

Capítulo 9

1. Fernie, *Occult*, 1.
2. Crow, *Precious Stones*, 15.
3. Éxodo 28:17–28.

Capítulo 10

1. Webster, *Numerology Magic*, 1.
2. Ibíd., 1–2. Este libro cubre yantras pictóricos y numerológicos.
3. Jaffé, *Symbolism in the Visual Arts*, 249.
4. Ibíd., 241.

Capítulo 11

1. Hill, *Think and Grow Rich,* 169.
2. Fortune, *Applied Magic,* 21.
3. Butler, *The Magician,* 16.

Capítulo 12

1. Mathers, *Key of Solomon,* 48.
2. El cuadrado de SATOR es el más conocido ejemplo de un cuadrado mágico de letras. De acuerdo a *The New Encyclopaedia Britannica Micropaedia*, aún se usaba en el siglo XIX en Europa y los Estados Unidos para protección contra el fuego, enfermedades y otras calamidades. La palabra *tenet* está en el centro horizontal y verticalmente, creando una cruz oculta. 15va ed., s.v. "magic square".

Bibliografía

Trabajos citados

Allemann, D. W. *History of the Chinese Peoples.* Hong Kong: Brockfield and Aberhart, 1903.

Anonymous (M. C. Poinsot). *The Encyclopedia of Occult Sciences.* 1939. Reimpresión, New York: Tudor Publishing Company, n.d.

Barrett, Francis. *The Magus.* 1801. Reimpresión, Wellingborough, Northamptonshire: The Aquarian Press, 1989.

Blavatsky, H. P. *The Secret Doctrine.* Vol. 5. N.p.: Adyar Publishing House, n.d.

Butler, W. E. *The Magician: His Training and Work.* London: The Aquarian Press, 1959.

Cave, Roderick. *Chinese Paper Offerings.* Hong Kong: Oxford University Press, 1998.

Cott, Jonathan, and Henry El Zeini. *The Search for Omm Sety.* New York: Warner Books, Inc., 1989.

Crow, J. H. *Alchemy.* London: Barker and Company, 1884.

Crow, W. B. *Precious Stones.* Wellingborough, Northamptonshire: The Aquarian Press, 1968.

Crowley, Aleister. *Magick Liber ABA.* Libro 4. 1913. Reimpresión, York Beach, Maine: Samuel Weiser, Inc., 1994.

Crowther, Patricia. *Lid off the Cauldron.* York Beach, Maine: Samuel Weiser, Inc., 1983.

Day, Harvey. *Occult Illustrated Dictionary.* London: Kaye and Ward Limited, 1975.

Eberhard, Wolfram. *A Dictionary of Chinese Symbols.* London: Routledge and Kegan Paul Limited, 1986.

Fernie, William T., M.D. *The Occult and Curative Powers of Precious Stones.* 1907. Reimpresión, San Francisco: Harper and Row Publishers, 1981.

Fortune, Dion. *Applied Magic and Aspects of Occultism.* Wellingborough, Northamptonshire: The Aquarian Press, 1987.

Gonda, Jan. "The Indian Mantra." In *Selected Studies.* Leiden, the Netherlands: E. J. Brill, 1975.

González-Wippler, Migene. *The Complete Book of Spells, Ceremonies and Magic.* New York: Crown Publishers, Inc., 1978.

Gordon, Ian. *Take My Word for It.* Auckland, New Zealand: Wilson and Horton Publications, 1997.

Greer, Mary K. *Women of the Golden Dawn: Rebels and Priestesses.* Rochester, Vt.: Park Street Press, 1995.

Harris, Bill. *The Good Luck Book.* Owings Mills, Maryland: Ottenheimer Publishers, Inc., 1996.

Hill, Napoleon. *Think and Grow Rich.* 1937. Reimpresión, New York: Fawcett World Library, 1969.

Hodson, Geoffrey. *The Hidden Wisdom in the Holy Bible, Vol. 1.* Madras: Theosophical Publishing House, 1963.

Jacq, Christian. *Magic and Mystery in Ancient Egypt.* Tranducido por Janet M. Davis. London: Souvenir Press, 1998.

Jaffé, Aniela. "Symbolism in the Visual Arts." In *Man and His Symbols,* editado por Carl G. Jung. Reimpresión, London: Arakana Books, 1990.

Jia-fong, Wang. "Fu: Do Chinese Charms Really Work?" In *Trademarks of the Chinese.* Vol. 2. Taipei, Taiwan: Sinorama Magazine, 1994.

Jung, C. G. *Memories, Dreams, Reflections.* London: Collins and Routledge & Kegan Paul, 1963.

Kunz, George Frederick. *The Curious Lore of Precious Stones.* Philadelphia, Penn.: J. B. Lippincott Company, 1913.

Mathers, S. L. MacGregor, trans. and ed. *The Key of Solomon.* York Beach, Maine: Samuel Weiser, Inc., 1976.

Morris, Jenny. "Spiritual Schism." *Weekend Herald* (Auckland, New Zealand), Enero 22, 2000.

Palmer, Martin. *Travels through Sacred China.* London: Thorsons, 1996.

Pennick, Nigel. *The Secret Lore of Runes and Other Ancient Alphabets.* London: Rider and Company, 1991.

Regula, de Traci. *The Mysteries of Isis.* St. Paul, Minn.: Llewellyn Publications, 1995.

Scott-Clark, Cathy, and Adrian Levy. "Feud of the Gods of Shangri-La." *The Sunday Times Magazine* (London), Enero 30, 2000.

Singer, André, and Lynette Singer. *Divine Magic: The World of the Supernatural.* London: Boxtree Limited, 1995.

Spence, Lewis. *An Encyclopaedia of Occultism.* Secaucus, N.J.: The Citadel Press, 1960.

Terzani, Tiziano. *A Fortune-Teller Told Me.* Translated by Joan Krakover Hall. London: HarperCollins Publishers, 1997.

Webster, Richard. *Feng Shui for Beginners.* St. Paul, Minn.: Llewellyn Publications, 1997.

———. *Numerology Magic.* St. Paul, Minn.: Llewellyn Publications, 1995.

———. *Omens, Oghams and Oracles.* St. Paul, Minn.: Llewellyn Publications, 1995.

———. *Ángeles Guardianes y Guías Espirituales.* St. Paul, Minn.: Llewellyn en Español, 2000.

Williams, C. A. S. *Outlines of Chinese Symbolism and Art Motives.* Revised ed. Shanghai: Kelly and Walsh Limited, 1941.

Williamson, J. *The Times and Teachings of Jesus the Christ.* London: Longman, Green and Company, 1912.

Lecturas sugeridas

Bonewitz, Ra. *Cosmic Crystals*. Wellingborough, Northamptonshire: Turnstone Press Limited, 1983.

Bowman, Catherine. *Crystal Ascension*. St. Paul, Minn.: Llewellyn Publications, 1996.

Buckland, Ray. *Advanced Candle Magick*. St. Paul, Minn.: Llewellyn Publications, 1996.

DeJong, Lana. *Candlefire*. Cottonwood, Ariz.: Esoteric Publications, 1973.

Griffin, Judy. *Hierbas de la Madre Naturaleza*. St. Paul, Minn.: Llewellyn en Español, 2000.

K, Amber. *Preámbulo a la Magia*. St. Paul, Minn.: Llewellyn en Español, 1999.

Markham, Ursula. *The Crystal Workbook*. Wellingborough, Northamptonshire: The Aquarian Press, 1988.

McCoy, Edain. *Making Magick: What It Is and How It Works*. St. Paul, Minn.: Llewellyn Publications, 1997.

Poole, W. T. *Private Dowding*. London: Rider and Company, Ltd., 1918.

Regis, Riza. *How to Manifest Prosperity with Crystals*. Manila, Filipinas: InterSelf Foundation, 1996.

Rubin, Samuel. *The Secret Science of Covert Inks*. Port Townsend, Wash.: Loompanics Unlimited, 1987.

Shastri, Rakesh. *Indian Gemmology.* New Delhi, India: Sahni Publications, 1997.

Smith, Steven R. *Wylundt's Book of Incense.* York Beach, Maine: Samuel Weiser, Inc., 1989.

Voillot, Patrick. *Diamonds and Precious Stones.* New York: Harry N. Abrams, Inc., 1997.

Índice

Richard Webster
REGRESE A SUS VIDAS PASADAS
12 técnicas comprobadas
Los recuerdos de sus vidas pasadas pueden
traer luz sobre su proposito en la vida y
ayudarle a curar sus heridas del presente.
Ahora usted podra recordar sus vidas
pasadas sin la ayuda de un hipnotísta.

5³⁄₁₆" x 8" • 264 pgs.

0-7387-0196-3

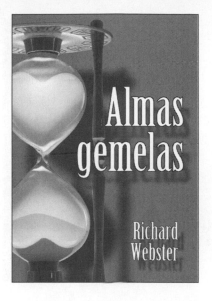

Richard Webster

ALMAS GEMELAS

Todos soñamos con amor eterno pero,
¿cómo encontrar a su alma gemela?
Almas Gemelas lo prepara para atraer
a su alma gemela hacia usted.

5³⁄₁₆" x 8" • 216 pgs.

0-7387-0063-0

Kay Henrion

PRÁCTICAS HOLÍSTICAS
PARA LA SALUD

Escrita por una enfermera certificada,
esta obra le ofrece respuestas a sus preguntas
sobre las aplicaciones de la meditación y
la visualización, las dietas y las vitaminas,
y otros temas concernientes a su salud
y a la de sus seres queridos.

5³⁄₁₆" x 8" • 216 pgs.

1-56718-287-9

LLEWELLYN ESPAÑOL

Migene González–Wipler
EL LIBRO DE LAS SOMBRAS

El libro de las sombras es obra única escrita
originalmente en español en donde se expone
la verdad acerca del mundo místico de la
religión Wicca. Conozca el verdadero propósito
de una religión que ama a la naturaleza.

5³⁄₁₆" x 8" • 240 pgs.

0-7387-0205-6

SECRETOS PARA EL AMOR, LA SALUD, Y LA ABUNDANCIA

Magia
Blanca

ILEANA ABREV

Ileana Abrev
MAGIA BLANCA
Secretos para el amor, la salud
y la abundancia

Aprenda cómo hacer encantamientos,
poniendo su corazón y su alma como
nadie puede hacerlo. Realizar los hechizos
con este libro es práctico, divertido
y con ingredientes fáciles de obtener.

5³⁄₁₆"x 8" • 144 pgs.

0-7387-0080-0

GUIA PRÁCTICA A LA

VISUALIZACIÓN
CREATIVA

TÉCNICAS EFECTIVAS
PARA LOGRAR LO DESEADO

DENNING & PHILLIPS

Denning & Phillips
**GUÍA PRÁCTICA A LA
VISUALIZACIÓN CREATIVA**
Técnicas efectivas para lograr lo deseado

Guía práctica para la visualización creativa
le ofrece una serie de ejercicios con los
que estimulará su mente para cristalizar
sus deseos en logros personales.

5³⁄₁₆" x 8" • 288 pgs.
1-56718-204-6

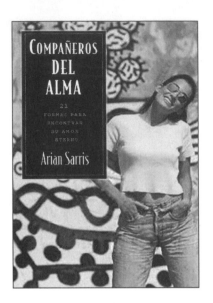

Arian Sarris

COMPAÑEROS DEL ALMA
21 formas para encontrar
su amor eterno

Es imposible encontrar a la pareja perfecta
con sólo desearlo. En esta obra se incluyen
21 ejercicios diseñados para cambiar
la atracción magnetica de su aura.

5³⁄₁₆" x 8" • 240 pgs.

1-56718-613-0

Silver RavenWolf

HECHIZOS PARA EL AMOR

Ya sea que desee encender la llama de la pasión
a travéz de la magia con velas o terminar una
relación amarga con el hechizo del limón,
Hechizos para el amor le enseñará más de cien
maneras para encontrar, retener o inclusive
disipar el amor de su vida.

5³⁄₁₆"x 6" • 312 pgs.

0-7387-0064-9